MARKLILLA

난파된 정신

정치적 반동에 관하여

마크 릴라 지음 | **석기용** 옮김

THE SHIPWRECKED MIND

MARK LILLA

난파된 정신

ON POLITICAL REACTION

마크 릴라 지음 | 석기용 옮김

P 필로소픽

길 위의 동무들 A. S.와 D. L.에게

| 일러두기 |

이 책에 나오는 모든 성서 구절은 대한성서공회에서 1996년에 발간한 《성경전서》
(한글개역판)에서 인용했다.

C O N T E N T S

| 서론 | 난파된 정신 | 8

1부 사상가들

종교를 지키기 위한 전투   27
내재한 종말   53
아테네와 시카고   74

2부 흐름들

루터에서 월마트로   103
마오쩌둥에서 성 바울로   127

3부 사건들

2015년 1월, 파리   147

| 후기 | 기사와 칼리프   179

감사의 글   197
옮긴이의 글: 역사의 반동과 난파된 정신   198

난파된 정신

과거에 머무른 눈에 철저한 수선이란 없다.

— 조지 엘리엇

반동反動, reaction이란 무엇인가? 어지간한 대학 도서관을 한번 뒤져보라. 그러면 전 세계 주요 언어로 쓰인 혁명 관련 서적 수백 권을 발견할 것이다. 반동이라는 발상을 다룬 책은 어떨까? 채 여남은 권도 찾아내기 어려울 것이다. 우리는 혁명이 왜 일어나며, 성공의 요인이 무엇이며, 왜 결국에는 그 왕성했던 혈기를 소진하고 마는지를 다룬 이론들을 갖고 있다. 반동에 관한 한 그런 이론은 없고, 그저 반동이란 비록 사악한 동기까지는 몰라도 어쨌든 무지와 비타협성에 뿌리를 둔 것에 지나지 않는다는 자기도취적인 확신만 있을 뿐이다. 이는 당혹스러운 일이다. 두 세기 동안 세계 전역의 정치 운동에 영감을 불어넣었던 혁명의 정신은 자취를 감추었을지언정, 오히려 혁명에 맞서 생겨난 반동의 정신은 살아남아서 중동에서부터 중앙아메리카에 이르는 지역에서 매우 강력한 역사적 힘을 증명하고 있으니 말이다. 이런 아이러

8

니가 우리의 호기심을 유발해야 마땅하지만 현실은 그렇지가 않다. 그 대신 우리는 일종의 우월감에 젖은 분노를 표출하다가 그나마도 그냥 접어버리고 만다. 반동주의자들은 훌륭한 지적 탐구의 변두리로 내몰려 있는 마지막 남은 '타자他者'다. 우리는 그들을 모른다.

'반동'이라는 용어에는 흥미로운 역사가 있다. 이 용어는 18세기 때 아이작 뉴턴Isaac Newton의 과학 논고들에서 차용되어 유럽 정치사상의 어휘 목록에 처음 진입했다. (과학에서는 'reaction'을 '반동'보다는 '반작용'이라고 흔히 번역한다 — 옮긴이) 몽테스키외는 매우 영향력 있는 저서인 《법의 정신De l'esprit des lois》에서 역학의 어휘들을 동원하여 정치 생활을 끝없는 작용과 반동의 연속으로 묘사했다. 그는 혁명을 그런 정치 행위의 한 가지로 인식했지만, 혁명은 드물게 일어나고 예측 불가능하다고 생각했다. 어떤 혁명은 군주정체를 민주정체로 바꾸어놓을 수도 있고, 또 다른 혁명은 민주정체를 과두정체로 둔갑시킬 수도 있다는 생각이었다. 혁명의 결과나 혁명이 유발할 수 있는 반작용이 어떤 유형일지 예측할 길은 없었다.

프랑스 혁명은 이 두 용어의 의미를 바꾸어놓았다. 파리에서 폭동이 발생하자마자 관찰자들은 그 혁명을 세계사의 중심축으로 띄워줄 수 있는 이야기들을 개발하기 시작했다. 자코뱅파는 그 분기점을 두드러지게 하려고 달력을 제1년으로 초기화했고, 덤으로 모든 달의 이름을 다시 지어 붙임으로써 어떤 시민도 과거와 현재를 혼동하는 일이 없게 했다. 그 이전의 역사는 이 사건의 준비를 위한 것이라는 의미를 지녔고, 미래의 행위는 이제 역사의 예정된 결말인 이른바 인간 해방을 지향할 수 있게 되었다. 그렇다면 정치 생활은 어떤 모습을 띠게 될 것인가? 헤겔은 그것이 근대적 관료주의 국민국가의 확립을 의미하리라고 생각한 반면, 마르크스는 아침에 낚시하고 오후에 가축 기르고 저녁 식사 후에는 비평하는 자유인들의 세상인 공산주의적 비非국가nonstate를 상상했다. 물론 이런 차이는 무언가의 도래가 불가피하다는 확신에 비하면 덜 중요했다. 그들은 시간의 강물이 오로지 한 방향으로만 흐른다고 생각했다. 물살을 거꾸로 거슬러 올라가는 것은 불가능했다. 자코뱅파가 통치하던 시기에는 그 강물의 흐름을 거역하거나 목적지에 이르고자 하는 열정이 충분치 않은 사람이라면 누구에게나 '반동분자'라는 딱지를 붙였다. 이 용어가 오늘날에도 여전히 남아 있는 부정적인 도덕적 함의를 띠게 된 것은 바로 이때다.

하지만 19세기가 지나는 동안 프랑스 혁명을 비판하는 사람들 모두가 엄밀한 의미에서 반동분자는 아님이 분명해졌다. 뱅자맹 콩스탕, 마담 드 스탈, 토크빌 같은 개혁적 자유주의자들은 비록 구체제의 붕괴는 피할 수 없는 일이었어도 뒤이은 공포정치는 그렇지 않다고 판단했는데, 이것은 그 혁명이 원래 약속했던 바는 어쨌거나 구제될 여지가 있다는 의미였다. 에드먼드 버크Edmund Burke 같은 보수주의자들은 당연히 혁명의 급진성을 거부했는데,

혁명을 감싸며 뒤이어 전개된 그 역사적 신화에는 특히 더 그랬다. 버크는 우리를 정해진 목적지로 인도하는 비인격적 힘이라는 역사 관념은 거짓이기도 하지만 위험하기도 하다고 생각했다. 왜냐하면 그런 관념은 미래를 핑계로 범죄적 행위를 정당화하는 데 이용될 수 있겠기 때문이다. (자유주의 개혁가들이나 사회주의 개혁가들이 추가로 우려했던 점은 그런 역사 관념이 수동성을 조장하리라는 것이었다.) 버크는 역사란 시간의 흐름 속에서 천천히 무의식적으로 전개되므로 그 결과는 누구도 예측할 수 없다고 보았다. 시간을 강이라 치면, 그 강은 상상 가능한 모든 방향으로 수백 개 지류가 갈라져 나가는 나일강 삼각지대와 같은 것이다. 통치자나 통치 집단이 역사의 향방을 사전에 예측할 수 있다고 생각할 때 문제가 시작된다. 이를 예증해주는 것이 다름 아닌 프랑스 혁명이었다. 그 혁명은 유럽의 전제 정치에 종지부를 찍기는커녕 코르시카 출신의 장군을 황제의 권좌에 앉히고 근대적 국가주의를 탄생시키는 등 의도치 않은 직접적 결과들을 낳았다. 이는 자코뱅파가 전혀 내다보지 못한 결과들이었다.

반동주의자들은 보수주의자가 아니다. 이것이 그들에 관해 가장 먼저 알아두어야 할 점이다. 반동주의자들 역시 혁명가들 못지않게 나름대로 급진적이며 역사적 상상의 산물들에 단단히 사로잡혀 있다. 구원의 새 사회 질서와 회춘하는 인간을 기대하는 새천년의 꿈이 혁명가들을 고취시킨다. 반면에 반동주의자들의 머리를 떠나지 않는 것은 새로운 암흑시대에 돌입하고 있다는 묵시록적 공포다. 조제프 드 메스트르Joseph de Maistre 같은 반反 혁명 사상가들에게 1789년은 영광스러운 여정의 시작이 아니라 그 여정의 종말을 의미했다. 가톨릭 유럽이라고 하는 그 견고한 문명이 순식간에 거대한 난파선 신세로 전락한 것이다. 이런 일이 그저 우연이었을 리는 없을 터였다. 이를 설명하기 위해 드 메스트르와 그의 수많은 후예는 일종의 공포 이야기를 늘어놓는 달변가가 되었다. 이 이야기는 오랜 세월에 걸친 문화와 지성의 발전이 어떻게 계몽주의라는 정점에 도달했고 그것이 구체제를 대체 어떻게 갉아먹었기에 그 체제는 도전을 받자마자 산산조각 나버렸는지 흔한 신파조로 늘어놓았다. 그 후 이 이야기는 유럽, 곧이어 세계 전역에서 반동적 역사 편찬의 본보기가 되었다.

반동주의자의 신앙 고백은 억지 인과 관계로 점철되어 있다. 그의 이야기는 제 본분을 아는 사람들이 조화롭게 살면서 전통과 자기네 신에게 순종하는 행복하고 질서 잡힌 국가를 언급하면서 시작한다. 그러다가 작가, 언론인, 교수 등 지식인들이 조장한 이질적인 관념들이 이러한 조화를 위협하고, 질서를 유지하겠다는 상층부의 의지는 약해진다. (엘리트층의 배신이야말로 모든 반동 이야기의 요체다.) 순식간에 사회 전체로 허위의식이 퍼지고, 그러면서 사회는 기꺼이, 심지어 기뻐하면서 파멸을 향해 나아간다. 옛 방식들의 기억을 간직한 사람들만이 지금 무슨 일이 벌어지고 있는지 인식한다. 사회가 방향을 되돌리느냐, 그대로 파멸로 돌진하느냐는 전적으로 이런 이들의 저항에 달린 문제다. 오늘날 정치적 이슬람주의자들, 유럽의 민족주의자들, 미국의 우파는 본질적으로 동일한 이야기를 저마다의 이념적 숭배자들에게 전하고 있다.

반동의 정신은 난파된 정신이다. 다른 사람들은 늘 원래 모습 그대로 흐르는 시간의 강물을 보지만, 반동주의자들은 천국의 파편 더미가 눈앞에서 둥둥 떠내려가는 것을 본다. 반동주의자는 시간의 망명자다. 혁명가의 눈에는 다른 사람에게 보이지 않는 찬란한 미래가 보이며 그 미래에 감전된다. 지금 시대의 거짓말에는 아랑곳도 하지 않고 온갖 광채를 발하는 과거만을 바라보는 반동주의자 역시 그런 과거에 감전된다. 반동주의자는 자기가 적수보다 더 강력한 입장을 갖고 있다고 느낀다. 왜냐하면 자기는 벌어질 수 있는 일들의 예언자가 아니라 실제로 일어났던 일들의 수호자라고 믿기 때문이다. 이것이 반동 문학에 면면히 흐르는 그 기이하게도 신명 나는 절망감, 그 선명한 사명감을 설명해준다. 미국의 반동적인 잡지 《내셔널 리뷰National Review》 창간호에 실린 구호가 그 사명이 무엇인지를 잘 보여준다. "역사를 가로막고 '멈춰'라고 소리 질러라!" 반동주의자가 전통적 인간상이 아닌, 확연히 현대적인 인간상으로 비치는 이유는 그가 가진 노스탤지어의 바로 이런 호전성 때문이다.

이는 또한 혁명적 정치 프로그램이 아예 부재한 상황인데도 반동의 정신이 꾸준한 생명력을 유지하는 이유를 설명해준다. 오늘날의 세계에서 끝없는 사회적·과학기술적 변화에 종속된 채 현대인의 삶을 살아간다는 것은 심리적으로 영원한 혁명에 상응하는 현상을 경험하는 것이나 마찬가지다. 마르크스가 묵직하던 그 모든 것이 어쩌다 흔적도 없이 사라지고 신성하던 그 모든 것이 어쩌다 더럽혀지고 말았는지 개탄한 것은 지극히 옳은 일이었다. 그의 잘못은 자본주의만 철폐되면 세계에 무게와 신성을 되찾아 줄 수 있으리라 넘겨짚은 것뿐이다. 반동주의자가 역사적 신화를 형성해가면서 현대성의 본성이란 현대성 자체를 끊임없이 현대화하는 것이라며 간단히 비난할 때, 그 반동주의자는 진리에 가까이 다가간 셈이다. 이 끝없이 계속되는 과정 앞에서 느끼는 불안은 이제 보편적 경험이 되었으며, 반反 현대적 반동사상들이 전 세계에서 신봉자들을 끌어들이는 이유도 바로 그것이다. 이들 신봉자들은 역사적 배신감 외에는 공유하는 바가 거의 없는 사람들이다. 모든 주요한 사회 변혁은 누군가가 노스탤지어의 대상으로 삼을 수 있는 신선한 에덴동산을 남겨준다. 그리고 우리 시대의 반동주의자들은 노스탤지어가 강력한 정치적 자극제가 될 수 있다는 사실을 깨달았다. 어쩌면 노스탤지어는 희망보다 더 강력할지도 모른다. 희망은 수포로 돌아갈 수 있다. 노스탤지어는 퇴치 불가다.

근대 혁명가의 정신은 위대한 문학의 주제가 되곤 했다. 그러나 반동주의자들은 여전히 자신들의 도스토옙스키, 자신들의 콘

래드를 찾지 못한 처지다.[1] 성적으로 억압된 성직자, 가학적인 우파 폭력배, 권위적인 아버지나 남편 같은 시대 역행자들은 우리의 문학이나 시각 문화에서 익숙한 풍자의 대상이다. 사방 어디서나 그런 풍자를 접한다는 것은 보안관에게는 흰 모자를, 강도에게는 검은 모자를 씌우는 B급 영화에서나 보게 되는 게으른 상상력의 징후다. 실제로는 열혈 정치적 반동주의자들도 열혈 혁명가들 못지않게 납득할 만한 열정과 가정에 이끌리는 사람들이며, 역사의 흐름을 설명하고 지금 현재를 조명하기 위해 그들 못지않게 정교한 이론을 발전시킨 사람들이다. 혁명가는 사유하는 반면에 반동주의자는 오로지 반발할 뿐이라는 추정은 편견에 지나지 않는다. 반동주의자의 정치적 노스탤지어가 역사 형성에 어떻게 기여했는지 이해하지 않고서는 현재의 역사를 전혀 이해할 수 없다. 또한 비록 스스로 망명자임을 선포하기는 했으나, 이따금은 반동주의자 역시 혁명가 못지않게 현재 속에서 편안함을 느끼는

---

1 위대한 예외가 토마스 만이다. 그가 《마(魔)의 산》에 등장시킨 레오 나프타(Leo Naphta)는 빛나는 창조물이다. 가톨릭으로 개종하여 예수회 신부가 된 병적인 유대인인 그는 파시즘에 드러냈어야 마땅하다 할 법한 연민을 공산주의에 드러낸다. 나프타는 중세를 향한 노스탤지어와 지금의 역사가 끔찍하게 경로를 이탈했다는 신념 때문에 일종의 지적 히스테리에 시달린다. 그는 절대적 권위를 재확립하는 폭력적인 혁명만이 인류를 구원할 수 있다고 믿는다. 만이 마르크스주의 철학자이자 혁명가인 죄르지 루카치를 모델 삼아 창조한 이 등장인물은 작가가 혁명가와 반동주의자의 친화성을 얼마나 잘 이해하고 있었는지 보여준다. 루카치가 만의 밑그림을 알아보지 못한 것은 그가 자기 자신을 얼마나 제대로 이해하지 못했는지를 보여준다.

사람들보다 현재를 더 명료하게 바라보기도 한다는 사실을 인정하지 않고는 그 현재를 납득할 수 없다. 반동주의자의 희망과 공포, 그의 가정, 그의 확신, 그의 맹목, 그리고 맞다, 그의 '통찰'을 이해하는 것이야말로 우리에게 부여된 의무다.

이 책《난파된 정신The Shipwrecked Mind》은 아주 조심스럽게 출발한다. 이 책은 지난 20여 년에 걸친 나 자신의 우연한 독서의 결실로, 반동 개념에 대한 체계적 논고라기보다는 일련의 사례와 성찰을 제시한다. 얼마 전부터 나는 세상의 본보기가 될 만한 몇몇 지성인이 어쩌다 20세기에 펼쳐진 이념의 드라마에 휩쓸리게 되었는지를 연구하는 중이다. 그 드라마를 더 잘 이해해보고 싶어서였다. 2001년에 나는《분별없는 열정The Reckless Mind》을 출간했는데, 이 책은 마치 무언가에 홀린 듯 나치 독일, 소련, 중국, 신정神政 일치의 이란 이슬람 공화국 같은 현대적 폭정의 실상을 과소평가하거나 옹호했던 사상가들의 초상을 담은 나의 논고 몇 편을 모아놓은 책이다.[2] 이 책에서 나는 자신들의 이상을 독재자들이 정치 현실로 전환해주고 있다고 상상한 지식인들이 그런 독재자들에게 느낀 자기애적인 매력, 이른바 전제 애호tyrannophilia라는 심리 현상을 조명하고자 했다.

그 책의 저술에 매달리면서 나는 20세기 정치사상가들의 상상

---

2 《분별없는 열정: 20세기 정치 참여 지식인들의 초상(The Reckless Mind: Intellectuals in Politics)》(New York Review Books, 2001; 한국어 번역본은 필로소픽, 2018).

력과 이념 운동을 구체화한 색다른 힘에 주목하기 시작했다. 그 힘은 바로 정치적 노스탤지어였다. 노스탤지어는 프랑스 혁명 이후 유럽 사상에 흐린 안개처럼 내려앉았고 여태껏 결코 완벽하게 걷힌 적이 없다. 노스탤지어는 특히 '우리가 아는 바로 그 문명의 종말'이라는 절망감을 자극한 1차 세계대전의 여파 속에서 위력을 발휘했다. 이 절망감은 1789년 이후 혁명 반대자들이 느꼈던 감정과 거의 다를 바 없었다. 2차 세계대전, 폭로된 유대인 대학살, 그리고 핵무기의 배치 및 뒤이은 확산 이후 그 절망의 고통은 오로지 강도를 더해갈 뿐이었다. 이 연이은 재앙은 설명이 절실했다. 그리고 철학자, 역사가, 신학자 같은 일군의 사상가들이 그런 설명을 제공하기 시작했다. 오스발트 슈펭글러Oswald Spengler의 매우 영향력 있는 연구서 《서구의 쇠퇴(1918-1923)The Decline of the West(1918 - 1923)》가 그런 성격을 띤 최초의 저서였다. 일군의 쇠퇴주의자들이 경쟁적으로 그의 모범을 따랐고, 저마다 우리의 운명을 봉인한 결정적 사상이나 결정적 사건을 발견했노라고 주장했다. 이 주제는 1950년대 이후로 줄곧 유럽과 미국의 우파에게 인기를 끌었고 관련 문헌도 점증했다. 그러나 쇠퇴주의자의 수사修辭는 비주류 좌파에게서도 발견할 수 있다. 묵시록적 심층생태주의자, 세계화 반대론자, 성장 반대 운동가들이 이런 측면에서 21세기 반동주의자의 대열에 합류한 셈이다. 그리 잘 알려져 있지 않은 어떤 이야기를 들여다보자면, 슈펭글러의 역사적 신화 만들기의 흔적이 과격한 정치적 이슬람주의자의 저술에서도 나타나는 데, 세속화된 서구의 쇠퇴는 퇴폐로 이어지고 결국에는 강건하게 부흥한 종교가 승리할 수밖에 없다는 그들의 이야기에는 온통 유럽인의 지문이 묻어 있다.

《난파된 정신》은 20세기 초 사상가들인 프란츠 로젠츠바이크 Franz Rosenzweig, 에릭 뵈겔린 Eric Voegelin, 레오 스트라우스 Leo Strauss 를 다룬 논고들로 문을 연다. 이들 세 사람의 글에서는 현대적 노스탤지어가 우러난다. 로젠츠바이크는 셋 중에서 정치적 색채가 가장 옅은 인물이다. 독일 국적의 유대인인 그는 헤겔의 정치 관련 저술을 연구한 학자로 출발했으나 1차 세계대전 전야에 철학을 단념하고 자신의 남은 짧은 생애를 유대 사상과 실천의 부활에 바쳤다. 그의 노스탤지어는 복합적이었다. 그는 유대주의가 현대 유럽 사회에서 제자리를 찾는 데 실패한 것은 기독교에 뿌리를 둔 현대적 역사 발전의 관념들을 좇아 유대주의 자체를 개혁하고자 한 시도에서 일면 비롯되었다고 확신했다. 하지만 그는 순수한 전근대적 정통 유대교로의 회귀란 가능하지도 않고 더 나아가 바람직하지도 않다고 믿었다. 유대교의 사활이 걸린 초월적 본질을 회복하기 위해 그가 제안한 것은 역사를 등지게 해줄 '새로운 사유'였다. 그는 이렇게 적었다. "19세기적 의미에서 역사에 맞서 싸우는 전투가 우리에게는 20세기적 의미에서 종교를 지키기 위한 전투가 된다."

두 철학자 뵈겔린과 스트라우스에 관한 논고는 서로 쌍을 이룬다. 둘 다 1930년대에 유럽을 떠났고 전후 미국에서 열렬한 추종

18

자들을 끌어 모으며 매우 성공적인 경력을 쌓은 학자들이다. 당대의 많은 이들처럼 이 두 학자들도 민주주의 붕괴와 전체주의 발흥을 사상사의 비참한 단절과 그로부터 시작된 지적·정치적 쇠퇴를 통해 설명하는 일이 시급하다고 생각했다. 결국 뵈겔린은 종교와 정치를 다룬 방대한 저술에서 고대의 종교적 그노시스주의가 서구를 재앙의 길로 들어서게 한 동력이었다는 결론에 귀착한다. 스트라우스는 서양 철학사에 대해 미묘하고 매우 심오한 설명을 전개했는데, 이는 플라톤에서 니체에 이르는 사상가들을 세심하게 연구한 끝에 이룩한 결실이었다. 스트라우스의 견해에 따르면, 철학의 전통을 순수한 관조와 정치적 타산에서 고집스런 자연 정복으로 바꿔버린 결정적인 역사 단절의 책임은 마키아벨리에게 있다. 서양 지성사에 대한 뵈겔린과 스트라우스의 설명이 서로 충돌함에도 불구하고 두 사람 모두 미국 우파 지식인들의 역사적 상상력 형성에 일조했다. 그리고 이 대목에서 다소 역설적인 측면이 드러난다. 왜냐하면 먼저 잃어버린 미국을 이상화하고 그다음에 그런 이상적인 미국을 파괴한 유럽 사상을 비난하는 식의 이야기를 어떻게 전개하는 게 좋을지 학습하는 과정에서 그들이 부지불식간에 매우 유럽적인 문화적 비관주의를 재연하기 때문이다. 한 가지 완벽한 사례는, 스트라우스의 제자인 앨런 블룸Allan Bloom이 쓴 유명한 책《미국 정신의 종말The Closing of the American Mind》이다. 우리는 이 책에서 유럽 허무주의의 파괴력을 다룬 몇 단원이 지난 후에 "뉘른베르크가 되었건 우드스톡이 되었건 그 원리는 똑같다"라는 확신에 찬 선언을 발견한다.

이런 초상들을 그리고 난 후에 나는 두 가지 형태의 현대적 지
성 운동을 고찰한다. 이 두 운동의 수사학 또한 노스탤지어를 사
고파는데, 물론 그 목적은 매우 다르다. 나는 신정神政보수주의
(티오콘theoconservatism)에 대한 논의로 시작할 것이다. 이 계파는
교리상의 차이에도 불구하고 미국의 문화적 쇠퇴와 퇴폐에 대한
전면적 비난을 공유한다는 측면에서 전통 가톨릭, 복음주의 프로
테스탄트, 신新 정통파 유대인들을 한데 규합한 미국 우파의 주요
노선이다. 이들은 쇠퇴와 퇴폐의 원인을 각 종파 내 개혁 운동,
더 일반적으로는 그들이 종교에 대한 세속적 공격으로 인식하는
것들 탓으로 본다. 그들의 관심은 미국 정치·종교사의 중대한 단
절기인 '1960년대'에 주로 초점을 두고 있으나 더 야심적인 티오
콘들은 이 미끄러운 경사면이 시작된 지점을 집어내기 위해 훨씬
더 뒤를 되돌아보며 그 시선은 심지어 중세 가톨릭 신학에까지
닿을 정도다. 그런 다음, 나는 방향을 바꾸어 매우 다른 시각에서
종교에 초점을 맞춘 강단 극좌파의 소소하지만 흥미진진한 사상
운동을 다룬다. 이 운동의 주창자들은 과거의 혁명 운동을 노스
탤지어의 시선으로 바라보며, 가끔은 심지어 20세기의 전체주의
국가들을 향해서도 그런 태도를 취하곤 한다. 그들은 '정치 신학'
을 공유하며, 이 운동의 가장 명민한 이론가인 전직 나치 법률가
카를 슈미트Carl Schmitt에게 매료되었다는 공통점이 있다.[3] 마르
크스주의 역사 이론과 결정론적 유물론은 단념했으나, 1989년

이후의 신자유주의적 합의를 거부하는 그들은 이제 혁명을 오늘날 뚜렷이 드러난 역사의 표류에 도전하기 위해 새로운 도그마를 계시하고 새로운 질서를 주입하는 이른바 신학-정치적 '사건'으로 이해한다. 그들의 눈에는 성聖 바울, 레닌, 마오쩌둥 주석 사이에 깊은 친화성이 존재한다.

단일한 한 사건을 다룬 논고가 이들 단원의 뒤를 잇는다. 그 사건은 바로 프랑스 태생의 지하드주의자들이 2015년 1월에 파리에서 저지른 치명적인 테러 공격이다. 나는 그 당시에 마침 그 도시에서 살고 있었는데, 그 사태와 뒤이은 여파 속에 나타난 두 가지 형태의 반동을 직접 접하고 충격을 받았다. 하나는, 제대로 교육받지 못한 살인자들이 무슬림의 영광스런 상상 속 과거에 노스탤지어를 품고 있었다는 점이다. 이 노스탤지어는 오늘날 현대판 칼리프의 재현을 꿈꾸는 사람들에게 범세계적 야망을 불어넣고 있다. 다른 하나는, 그런 범죄 행위 속에서 문명의 도전에 직면하고도 제 목소리를 내지 못하는 프랑스의 쇠퇴와 유럽의 무기력에 관한 그들 나름의 숙명론적 관점들을 확인하게 된 프랑스 지식인들의 노스탤지어다. 사태 전체는 양차 세계전쟁 사이의 시절을 연상시켰다. 당시에도 현실 세계의 정치적 폭력과 파국적인 역사 흐름에 관한 환상은 정치 스펙트럼 전반에서 공유되던 불안한 문화 비관주의의 자양분이 되었다.

---

3 《분별없는 열정》의 슈미트 관련 단원을 참고하라.

《난파된 정신》의 마지막 단원은, 황금시대를 되살리겠다는 돈 키호테의 희비극적인 모험으로 시작해서 정치적 노스탤지어가 지닌 지속적인 심리적 위력을 숙고하는 것으로 끝맺는다. 정치적 노스탤지어는 역사에 관한 일종의 마법적 사유를 반영한다. 그 향수병 환자는 저 먼 옛날에 황금시대가 존재했고 자신은 그 시대가 종언을 고한 이유를 알려주는 내밀한 지식을 보유했다고 믿는다. 그러나 진보와 절박한 해방의 신념에 고무되어 행동에 나섰던 현대 혁명가들과는 달리, 향수병에 걸린 혁명가들은 미래를 이해하는 방식이나 현재의 행동 방침에 확신이 없다. 그들은 단지 몸을 움츠린 내밀한 이민자, 은밀한 저항자가 되어야 하는 것일까? 그들은 영광에 빛나는 과거를 향해 거꾸로 돌진해야 할까? 아니면 그 과거가 훨씬 더 영광스러운 형태로 변모하게 될 미래를 위해 분투해야 할까? 돈키호테는 이 모든 가능성과 씨름한다. 그의 개인적 모험은 사회·경제·문화적 힘들을 다룬 그 어떤 학술적 분석 못지않게 우리 시대의 집단적 정치 드라마들 배후에 놓여 있는 사상과 열정에 관해 많은 것을 가르쳐준다. 그런 힘들은 사람들의 주관적 시각, 사람들이 사물을 이해할 때 이용하는 관념과 심상을 통해 걸러지고 난 후에야 비로소 위력을 발휘한다는 사실을 우리는 망각했던 것 같다. 우리가 개별 영혼들에 매혹되면 될수록 국가나 국민이나 종교나 정치 운동의 심리를 이해하는 일에는 서투르게 된다. 지금 현재의 세상이 도무지 불명료하다고 느끼는 것은 이런 불균형에서 기인한 바가 결코 적지 않다. 《난파

된 정신》이 그런 불균형을 교정하는 일에 작게나마 기여하지 않
았을까 생각해보았다.

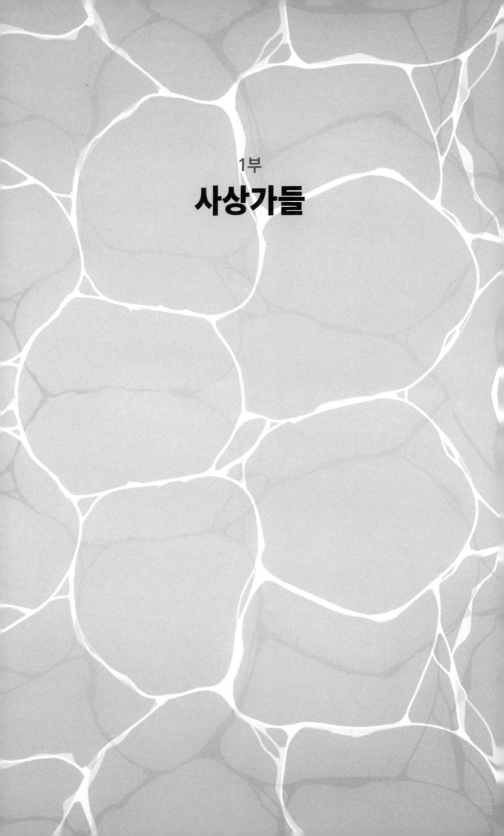

1부

사상가들

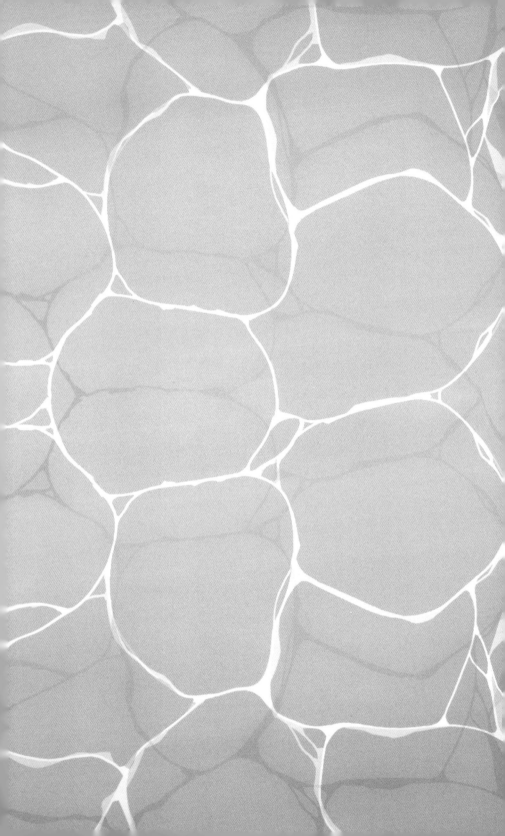

종교를 지키기 위한 전투

프란츠 로젠츠바이크

두 번째 신전은 처음 것과 같지 않았다.
— 존 드라이든

프란츠 로젠츠바이크Franz Rosenzweig는 1886년 성탄절에 독일 카셀의 한 동화同化된 유대인 가정에서 태어났다. 비록 종교 학습이라는 오랜 전통이 남아 있는 가정이었지만 프란츠는 집에서 단지 유대인 생활에 대해 피상적인 안내만을 몸에 익혔다. 안식일도 기리지 않는 집이었다. 그의 가족은 프란츠가 의료인의 길을 걷기를 희망했지만, 프라이부르크 대학교에 입학한 그의 관심사는 저명한 학자인 프리드리히 마이네케Friedrich Meinecke 밑에서 철학과 근대 역사를 공부하는 쪽으로 바뀌었고 마이네케의 지도 아래 박사 논문을 쓰게 되었다. 재능 있는 학생 로젠츠바이크는 1차 세계대전의 발발이 다가오던 시기에 통상적인 학자가 갖춰야 할 온갖 판에 박힌 면모를 과시했다.

하지만 개인적으로 그는 학문의 힘으로는 고심해봐야 도움이 되지 않는 종교적 의문들, 철학적 의문들에 사로잡혔다. 그와 가까운 여러 유대인 친구들과 친척은 비록 통상적인 사회적 이유들 때문은 아니었지만 이미 기독교로 개종한 상태였다. 20세기 초 독일 지성계에는 키르케고르적인 분위기가 내려앉았는데, 이는 정치적 통합, 부유한 부르주아 문화의 만개, 현대 과학의 전망이 거둔 승리가 우리에게 가장 중요한 무언가를 소멸시키고 있으며 그것은 일종의 종교적 도약을 통해서만 복구될 수 있음을 의미했다. 당시에 가장 영향력을 떨치던 책들 중 한 권의 제목이 이런 분위기를 완벽하게 포착한다. 프로테스탄트 신학자 루돌프 오토Rudolf Otto가 쓴 《성스러움: 신 및 신이 이성적인 자들과 맺는 관계라는 관념에 들어 있는 불합리성에 관하여Das Heilige: Über das Irrationale in der Idee des Göttlichen und sein Verhältnis zum Rationalen》(1917)이다. 로젠츠바이크는 그런 저 너머를 향한 끌림 같은 것을 느꼈고, 특히 기독교로 개종한 후에 미국으로 건너가 역사가로 성공하는 그의 유대인 친구 오이겐 로젠슈토크휘시Eugen Rosenstock-Huessy에게 흥미를 느꼈다. 로젠슈토크휘시는 로젠츠바이크와 토론하고 편지를 주고받으면서 역사적 관점에서 볼 때 기독교야말로 가장 완벽한 최종적 종교라는 점을 설득하려고 노력했다. 얼마 지나지 않은 1913년 여름, 로젠츠바이크는 자신도 개종하겠다는 의도를 공언했다. 경악을 금치 못한 어머니에게 그는 신약 성서는 진리이고 "오로지 단 하나의 길, 예수만이 존재합니다"라고 말했다.

그다음에 벌어진 일은 이제는 전설의 일부다. 전하는 이야기에 따르면 로젠츠바이크는 기독교로 개종하기 전 마지막으로 한 번 속죄일 예배에 나가기로 결심했는데, 거기서 이른바 선제적 역逆개종이라 부를 수 있을 법한 일을 경험하고 유대교에 헌신하겠다고 즉석에서 결심한다. 어쨌든 로젠츠바이크의 어머니가 내놓은 설명은 그랬다. 로젠츠바이크 자신은 결코 이 사건에 관해 글을 쓰지 않았고, 설마 그가 그런 얼핏 기독교도에게나 일어날 법한 신파극 같은 깨우침을 떠들고 다녔을 리는 없을 듯하다. 그래도 우리는 그가 주고받은 편지들을 통해 1913년 가을에 무언가 중요한 일이 정말로 발생했고, 그 바람에 그가 개종한 한 사촌 형제에게 이런 편지를 쓰게 되었다는 사실을 안다. "난 나의 결정을 뒤집었단다. 내게는 그런 것이 더는 필요치 않은 것 같고, 그렇기 때문에 내가 지금의 나로서 있는 한 그런 것은 더는 가능하지도 않다. 나는 계속 유대인으로 남을 것이다."

로젠츠바이크는 자기가 한 말을 잘 지켰다. 그해 가을, 그는 저명한 신新칸트주의 철학자 헤르만 코엔Hermann Cohen과 만나기 시작했다. 코엔은 마르부르크 대학교에서 은퇴한 후 베를린에 있는 한 유대인 기관에서 철학을 가르쳤는데, 바로 그곳에서 로젠츠바이크가 히브리어와 탈무드를 공부하고 있었던 것이다. 로젠츠바이크는 또한 장차 평생의 친구이자 협력자가 되는 마르틴 부버Martin Buber와도 만났고, 이제 유대주의의 본성에 관한 논문을 쓰기 시작했다. 전쟁이 터지자, 로젠츠바이크는 비교적 조용한 마케도니아 전선의 방공포 부대로 보내졌다. 덕분에 그는 연구를 계속 수행할 시간을 벌었고 그러면서 몇몇 세파르디 유대인들(스페인-포르투갈계 유대인 — 옮긴이)을 만나기도 했다. 그들의 단순하고 경건한 삶은 그에게 깊은 인상을 남겼다. 또한 그는 마케도니아에 주둔한 동안 훗날 《구원의 별Der Stern der Erlösung》이라는 제목으로 출판될 책을 저술하기 시작했다. 그가 이른바 '새로운 사유'라고 부르는 것을 실행에 옮긴 이 책에서 그는 유대인의 경험에 대해 비록 기이하지만 설득력 있는 설명을 제시했다. 그는 책에 수록하기 위해 메모해둔 내용을 엽서에 옮겨 적은 다음, 어머니에게 부쳐 안전하게 보관하게 했다. 그리고 전쟁이 끝난 후 바로 이 자료들을 가지고 책을 재구성하여 출판한다.

1920년 《구원의 별》의 교정본 작업을 하던 중에 로젠츠바이크는 프랑크푸르트로 불려가 '자유 유대인 학당Das Freies Jüdisches Lehrhaus'이라는 신설 유대주의 연구소 소장이 되었다. 이곳은 바이마르 시대에 단명했던 유대인 재각성 활동과 관련된 장소 중에서도 매우 중요한 곳이다. 그는 또한 헤겔의 국가 이론을 주제로 한 학위 논문을 출간함으로써 자기 삶의 첫 번째 국면을 마무리했다. 이 논문은 오늘날에도 참고가 될 정도로 대단히 중요한 연구 업적으로, 이를 매우 흡족하게 생각한 스승 마이네케는 로젠츠바이크에게 대학 강사직을 제안했지만 거절당했다. 당혹스러워하는 마이네케에게 보낸 강렬한 편지에서 로젠츠바이크는 1913년의 영적 위기로 인해 자신의 삶이 "내가 괜히 '나의 유대주의'라고 부르면서 **이름**만 달고 있던 것임을 깨달은 그 '음험한 충동'"에 얼마나 시달렸는지 토로했다. 그 시점 이후로 점점 더 그의 눈에는 육신을 지닌 개개인이 삶의 방법을 찾을 때 유용하게 쓰이지도 않을 지식을 추구하는 것이 헛된 일처럼 보였다. 그리고 그다음 해에 《구원의 별》이 출간되어 전반적으로 몰이해에 그친 몇 개 안 되는 서평을 받았을 때, 그는 자신이 통제할 수 없는 일에 불필요하게 감정을 소모하지 않는다는 스토아주의적인 태도로 그 현실을 받아들였다. 그의 삶의 중심은 이제 더는 유대 사상조차도 아니었다. 유대적인 삶 자체의 소생, 그것이 중심이었다.

프랑크푸르트의 연구소는 1919년부터 1926년까지 운영되었다. 미래의 유대주의 학자에서부터 에리히 프롬Erich Fromm이나 레오 스트라우스 같은 세속의 사상가들에 이르기까지, 그곳의 교사와 학생은 기존의 동화된 삶에서 벗어나 현대 철학이나 개혁 신학이라는 매개 없이 유대 전통의 원천을 직접 조우하는 길로 인도하게끔 계획된 엄격한 프로그램을 이수하게 되어 있었다. 하지만 이 값진 노력이 시작되자마자 로젠츠바이크는 병이 나고 말았다. 근위축성측색경화증, 일명 루게릭병이라는 퇴행성 질환에 걸린 것이다. 의사들은 그가 그해를 넘기지 못할 거라고 말했다.

그들의 예견에 저항하면서 로젠츠바이크는 그 후로도 7년을 더 살았고, 그러는 동안 우리가 상상할 수 있는 가장 엄혹한 조건 속에서도 일련의 논문, 서평, 번역서 등을 꾸준히 발표했다. 그는 처음에는 특수 장치가 부착된 타자기로 글을 썼다. 근육들이 망가졌을 때는 아내의 손가락이 자판 위를 오가다 원하는 철자 위를 지날 때 눈을 깜박이는 방식으로 의사소통을 했다. 그 이후로 다시는 자신의 아파트 밖으로 나가지 못한 채 그는 이런 방법으로 중세 사상가인 유다 하레비Judah Halevi(11~12세기에 활동한 스페인 태생의 유대 철학자 겸 시인 ─옮긴이)의 시들을 용케 번역해냈다. 그뿐만 아니라 부버와 함께 히브리어 성서의 처음 열 권을 번역하기도 했다. 그는 1929년 12월에 프랑크푸르트에서 사망했는데, 그의 묘비가 아직도 그곳에 서 있다.

로젠츠바이크는 사적인 일기에서 그의 사상의 문을 여는 열쇠가 되는 흥미로운 한마디를 무심코 내뱉었다. 그는 이렇게 적었다. "19세기적 의미에서 역사와 맞서 싸우는 전투가 우리에게는 20세기적 의미에서 종교를 지키기 위한 전투가 된다." 역사와 맞서 싸운다는 것이 무슨 뜻인가? 그리고 '20세기적 의미'에서 종교, 특히 유대교란 무엇인가?

독일에서 로젠츠바이크와 그 세대 지성인들에게 '역사'라는 말은 역사철학을 의미했고, 역사철학은 곧 헤겔을 의미했다. 19세기 내내 헤겔은 옳든 그르든 세계 역사의 합리적 전개 과정을 발견한 인물로 이해되었다. 그 과정이란 근대 관료주의 국가, 부르주아적인 시민 사회, 프로테스탄트적인 시민 종교, 자본주의 경제, 기술의 진보, 그리고 헤겔 자신의 철학에서 그 정점에 이르게 될 터였다. 이것은 그야말로 예언이었다. 그러나 19세기 말엽께 이 예언이 성취에 가까워지는 듯 보였을 때, 독일을 비롯해 헤겔 사상의 영향을 받은 나라들에서 공포가 나타나기 시작했고 강한 문화적 반동이 뒤따랐다. 즉, 표현주의expressionism, 원시주의primi-tivism, 신화와 신비에 대한 매료 등, 이른바 온갖 운동과 사조가 담긴 판도라의 상자가 개봉되었다. 공포는 진정한 것이었다. 만에 하나 헤겔과 그의 아류들이 옳다면, 인간 경험의 총체는 모조리 합리적이고 역사적으로 설명될 터이며 그 과정에서 인간의 정신은 마비되어 진정으로 새로운 것, 개인적인 것, 신성한 것에 대한 경험은 일절 배제될 것이다. 막스 베버Max Weber의 등골 서늘한 구절을 인용하자면, 그것은 '세계의 탈주술화脫呪術化'를 의미했다.

이것이 헤겔의 실제 의도였느냐와 상관없이, 사람들이 그를 이해하는 방식은 확실히 이러했고 독일 철학계 내에서도 사정은 다르지 않았다. 그들은 헤겔의 주장이 철학의 역사를 합리적 종착점으로 인도했다고 진지하게 받아들였다. 이런 주장에 맞선 반란은 여러 가지 형태를 띠었다. 역사로부터 사유의 독립성을 되찾고자 희망했던 일부 반反헤겔주의자들은 칸트나 심지어 데카르트 같은 이전 철학자들에게로 회귀하라고 장려했다. 다른 이들은 더 주관적 행로를 택했다. 니체나, 세기말에 때마침 독일어로 번역되고 있던 키르케고르의 실존주의적 역설들로 방향을 전환한 것이다. 헤겔의 역사의식이 전체 문화를 상대주의의 위기로 이끌었다는 느낌이 점점 자라나는 가운데 이러한 전환들은 뒤이어 에드문트 후설Edmund Husserl과 청년 마르틴 하이데거Martin Heidegger의 현상학 저술들에서 그 결실을 맺었다. 하이데거의 신념에 따르면 철학은 처음 태동할 때부터 로젠츠바이크가 '삶의 일상'이라고 부르는 것을 외면하는 오류를 저질렀으며 하이데거가 말하는 이른바 '형이상학'에 매몰된 채 길을 잃고 헤매왔던 것이다. 로젠츠바이크도 장차 이런 시각을 공유하게 된다. 그리고 이런 오류는 오로지 인간을 일상의 경험으로 되돌려 보내줄 새로운 종류의 치료적 사유를 통해서만 교정될 수 있을 터였다.

　로젠츠바이크가 '20세기적 의미에서 종교를 지키기 위한 전투'를 요청한 것은 헤겔을 겨냥한 것이기도 했다. 물론 더 근거리의 목표물은 19세기 내내 독일의 종교적 사유를 지배했던 자유주의 신학의 여러 학파였다. 다비드 프리드리히 슈트라우스David Friedrich Strauss와 프리드리히 슐라이어마허Friedrich Schleiermacher 같은 인물들로 대표되는 자유주의 신학은 프로테스탄트 기독교의 교리들을 근대적 사유와 타협시키려는 시도에서 출발했고, 이런 노력에서 헤겔은 유용한 동맹군으로 입증되었다. 헤겔은 종교가 단지 미신에 지나지 않는다는 프랑스 계몽주의 관점을 공유하지 않았다. 또한 근대적인 자연 정복이 종교를 소멸시킬 것이라고도 믿지 않았다. 그는 프로테스탄트주의와 근대 국가가 근본적으로 사실상 조화를 이루었으며 역사가 절정에 이르더라도 종교는 계속해서 도덕과 시민 교육을 통해 개인을 국가와 화해시키는 일을 도우면서 준準관료주의적 기능을 수행할 것이라고 생각했다. 19세기의 선도적인 독일 프로테스탄트 신학자들은 비록 계몽주의의 공격 때문에 여전히 감정이 상한 상태이기는 했지만 헤겔주의의 구도 안에서 제한적이나마 이런 안전한 지위를 기꺼이 수용할 의사가 있었다.

오늘날에는 꽤 이상해 보일 수도 있겠지만, 19세기의 많은 유대인 사상가들도 동일한 지위를 열망했다. 그 세기 초반에 독일의 유대인 해방은 랍비와 예시바yeshiva(탈무드를 가르치는 유대인 교육 기관―옮긴이)의 폐쇄적인 전통 세계에서 탈피하여 이른바 '유대주의학Wissenschaft des Judentums'이라 불리는 새로운 지적 분야의 창도를 불러왔다. 이 학문 분야의 목표는 개혁과 사죄였다. 자유주의 유대교는 유대인을 근대적 삶의 흐름에 동참하지 못하게 가로막는 문화적 걸림돌이 되어버린 유대교의 전통적 측면들을 비非신화화하고자 했다. 이런 식으로 유대 민족을 계몽함으로써 기독교를 믿는 동료 시민들 사이에서 유대인들이 더 잘 받아들여질 수 있기를 희망한 것이다. 오직 프로테스탄트주의만이 종교적 경험의 가장 성숙한 형태로서 근대적 삶과 양립 가능할 것이라는 헤겔의 주장은 그들의 관점에서는 그다지 대수롭지 않은 소리였다. 일단 미신과 전통의 불순물들을 걸러내고 난 유대주의의 근본적인 도덕적 가르침이 프로테스탄티즘의 가르침과 사실상 동일한 것으로 입증되기만 하면, 또한 근대적인 유대인들이 근대 국가의 시민들로 충분히 참여하게만 되면, 또한 헤르만 코엔이 악명 높게 표현한 대로 '독일 정신과 유대 정신Deutschtum und Judentum'의 영적 조화가 발전하도록 허용되기만 하면, 프로테스탄트의 편견은 망각될 것이며 근대의 창공에 유대주의의 자리가 보장되리라고 자유주의 유대인들은 추론했다.

20세기 초반 몇 십 년의 세월이 흐르는 동안, 가장 사려 깊은 프로테스탄트들과 유대인들의 눈에는 자유주의 신학의 신학-정치적 망상이 매우 뚜렷이 드러났다. 1차 세계대전의 재앙이 지나간 후, 스위스의 청년 목사 카를 바르트Karl Barth는《로마서 강해 Der Römerbrief》라는 논쟁적인 저서를 집필했는데, 이 책은 인본주의, 계몽주의, 부르주아 문화, 국가 등 자유주의 프로테스탄트주의가 옹호하는 모든 것에 의구심을 드리웠다. 근대정신에 맞서서 초超역사적 신앙을 지켜내기 위해 우상들을 박살 내고 실존적 결단을 내리라는 바르트의 요청은 프로테스탄트의 사상을 영원히 바꾸어놓았다. 현대 유대 사상에서 로젠츠바이크의 위상은 프로테스탄트들 사이에서 바르트가 차지하는 위상과 유사하지만, 다만 한 가지 중요한 차이점이 있다. 바르트는 성 바울과 종교개혁 지도자들의 기본 신앙으로 되돌아갈 필요가 있고 그럴 수 있다고 믿었던 반면, 로젠츠바이크는 결코 단 한 순간도 어떤 형태의 정통 유대교로건 지성적인 방식으로의 회귀를 고려하지 않았다. 그에게 그런 일은 불가능했다. 그리고 그는 이것이 그의 세대 전체에 해당하는 얘기라고 믿었다. 동화同化의 한 세기는 유대인을 영적으로 몹시 심하게 위축시켰기에 이들 유대인은 일말의 내면적 변천도 겪지 않았다는, 그야말로 완전한 의미에서 더는 유대인일 수가 없었다. 1924년에 로젠츠바이크는 당대 유대인 교육에 주어진 문제는 "'기독교적인' 유대인, 국가 유대인, 종교 유대인, 정당방위에서 나온 유대인, 감상주의나 충성심에서 나온 유대인, 간단히 말해 19세기가 양산한 바와 같은 '수식어 붙은' 유대인들이 어떻게 하면 그들 스스로에게나 유대주의에게나 어떤 위험도 없이 다시 그냥 **유대인**이 될 수 있을지" 결정하는 것이라고 적었다. 신학적 자유주의로 내상을 입은 상황에서는 오로지 '귀환의 위생학'만이 유대 민족을 완전히 소생시킬 수 있을 것이다.

귀환이라는 생각은 역사에 반대하고 종교를 옹호하며 두 전선에서 싸우는 로젠츠바이크의 전투를 연결하는 고리다. 헤겔의 역사철학에서 절정에 도달한 근대 철학은 인간을 삶에서 떼어놓았고 자신이 가진 대부분의 것들로부터 소외시켰다. 기독교이건 유대교이건 근대 자유주의 신학은 인간을 신에게서 소외시키는 지경에까지 이르렀고, 신의 명령은 훌륭한 시민 정신과 부르주아적 예의범절 수준으로 전락한 상태였다. 만약 인간이 자기 자신과 자신의 신에게 귀환하고자 한다면, 만약 다시 완전하게 사는 법을 배우고자 한다면, 모종의 치료를 받아야 한다. 다시 말해 시간 속에 틀어박히는 것이 아니라 시간으로부터 탈출하는 법을 배워야 한다는 뜻이다. 바로 이 치료법이 로젠츠바이크의 저술들이 제공하고자 한 것이다.

로젠츠바이크를 이해하고 싶어 하는 독자들이 우선 그의 걸작인《구원의 별》에 매달리는 것은 이해할 만하다. 하지만 그 책을 깊게 파고든 사람은 소수다. 왜냐하면 일곱 번 봉인된 그 불가사의한 저서는 로젠츠바이크의 치유 의도를 거의 설명하지 않기 때문이다. 처음 시작하기에 더 좋은 방법은 그가 자기 사상을 더 광범위한 대중에게 소개하기 위해 쓴 (하지만 출판하지는 않은) 소책자를 참고하는 것이다. 이 책은《병든 자들과 건강한 자들 알아보기Understanding the Sick and the Healthy》라는 제목으로 영역되어 있다.[4] 이 책은 독일어 철학 산문의 작은 걸작으로, 재미있고도 심오하다. 기발한 점은, 이것이 질병에 걸려서 (바로 철학 그 자체가 질병이었다) 반드시 치료를 요하는 어떤 환자에 관해서 '전문가들'이 아닌 평범한 독자들이 읽어보라고 쓴 진료 경위서라는 점이다. 그 환자는 병상으로 옮겨지기 전 흘러가는 인생을 따라 생계에 나섰다. 그는 가끔 이것저것이 궁금해지곤 했지만 결국 그런 궁금증은 걷어치우고 상투적인 생업에 매달린다. 하지만 어느 날 그는 자신의 궁금증을 더는 잠재우지 못한 채 그 자리에서 얼어붙어 버렸다. 부단한 삶의 흐름은 그를 그저 지나쳐 흘러가기 시작했다. 그는 '치즈' 같은 단순한 단어들을 아무 생각 없이 사

---

4 독일어 제목 'Das Büchlein vom gesunden und kranken Menschenverstand'에는 영어로 번역하기 어려운 언어유희가 들어 있다. 'gesunden Menschenverstand'는 문자 그대로 번역하면 '건강한 인간의 앎' 정도로 볼 수 있으나, 실은 '상식'을 의미한다. 책의 제목에서 로젠츠바이크는 지적 병폐와 상식을 대비시키려 한 것인데 이에 마땅한 용어를 찾기가 어렵다. 이 대비를 잘 잡아내는 졸역을 굳이 언급하자면 '상식과 불건전한 사고에 관한 소책자' 정도가 될 수 있겠다.

용하는 대신에 반성하기 시작했다. "치즈는 **본질적으로** 무엇인가?" 치즈는 그에게 '대상'이 되었고 그는 '주체'가 되었다. 그리고 철학적 문제들의 소굴이 봉인 해제되었다. 곧 이 불쌍한 사내는 더는 치즈를 먹을 수 없게 되었다. 아니, 아무것도 먹을 수 없게 되었다. 그의 상식은 발작으로 불구가 되었다. 그는 마비되었다.

이런 질병에도 치료제가 있을까? 스토아주의자들에서 몽테뉴를 거쳐 비트겐슈타인에 이르기까지 철학의 사명을 치유의 관점에서 이해하고자 한 서양 철학의 흐름이 존재한다. 이들에게 철학의 사명은 무의미하거나 파괴적인 반성으로부터 마음을 해방시켜 삶의 흐름 속으로 귀환케 하는 것이다. 그러나 로젠츠바이크는 이것이 비트겐슈타인이 생각했던 것처럼 병에 갇힌 파리를 밖으로 나오도록 인도하는 것과 같은 단순한 문제가 아니라고 믿었다. 무반성적인 종교적 신념처럼 상식도 역시 도전을 받으면 길을 잃으며, 일단 길을 잃고 나면 적극적으로 복구되어야 한다. 그의 이야기에서 치료는 환자가 요양소에서 나와 세심하게 계획된 야외 여행을 떠나면서 시작된다. 별개의 세 봉우리가 우뚝 솟아 있는 원경이 보이는데, 로젠츠바이크는 이 세 봉우리를 각각 신, 인간, 세계라고 부른다. 철학자가 이런 광대한 땅 덩어리들을 만날 때 본능적으로 처음 떠오르는 생각은 그 땅속을 파고들어 그것들의 공통 속성들을 찾아내야겠다는 것이다. 역사의 여러 시기마다 철학자들은 그 산들이 몽땅 신으로 만들어졌다고 하거나 (범신론), 몽땅 인간으로 만들어졌다고 하거나(관념론), 혹은 몽땅 세계로 만들어졌다고(유물론) 선언한 바 있으나, 결코 네 번째 실체를 찾는 데 성공한 적이 없다. 로젠츠바이크가 추측하기에 그 이유는 그런 것이 없기 때문이다. 저기 저 세상에는 딱 세 가지 요소만이 **존재할** 뿐이다.

환자는 이 봉우리에서 저 봉우리로 옮겨 다니면서 몇 주를 보내고 나면 이 세 요소의 본래 모습에 다시 익숙해진다. 3주의 치료가 끝날 때 그는 마침내 신, 인간, 세계를 사실 그대로 볼 수 있게 된다. 그 세 요소는 각기 자족적이면서도 존재의 총체 속에서 서로 연결되어 있다. 일단 그렇게 되면 그는 일상 언어의 배후에 무엇이 있는지 궁금해하지 않으면서 그 언어를 다시 사용할 수 있게 된다. 그는 요양의 일환으로 집으로 돌려보내지지만 종교 달력과 유사한 엄격한 일정표가 그에게 부여된다. 이로써 그는 정연하게 순서가 정해진 연간 주기를 돌면서 다시 삶을 경험할 수 있게 된다. 환자의 다리는 시간의 흐름을 따라 오가는 일에 다시 익숙해진다. 그는 순간을 살기 시작하지만 그러면서 또한 자신의 죽음을 평온하게 예감하기도 한다. 소크라테스는 오로지 철학만이 우리에게 죽는 법을 가르칠 수 있다고 믿었다. 하지만 로젠츠바이크의 환자는 자신의 철학적 충동을 일소해버림으로써 유한성을 직면한다.

이것은 아름다운 우화다. 하지만 문제는 여전히 남는다. 어째서 로젠츠바이크는 철학적 전통에서 벗어나는 것이 유대주의로 되돌아가는 통로가 될 수 있다고(그의 입장에서는 반드시 그래야만

한다) 생각했을까?

이 질문에 답하기 위해 우리는《구원의 별》로 시선을 돌려야 하며, 그럴 때 우리의 익숙한 방식은 즉각 차단된다. 직설적이고 매력적인 로젠츠바이크의 짧은 산문들은 상식으로 귀환하여 새로운 종류의 사유와 삶을 시작하라는 초대장과도 같다. 대조적으로《구원의 별》은 비록 아주 심한 19세기 양식의 글까지는 아니라 해도 확실히 노회한 대가들과의 다툼 속에서 쓰인 괴이한 철학 체계다. 하이데거와 비트겐슈타인이 이미 철학적으로나 양식적으로나 독일의 거창한 체계-건설자system-builder들과 갈라서고 있던 시기에 로젠츠바이크는 마지막으로 다시 한 번 헤겔을 물리치고자 노력했다. 그것은 치명적인 실수였다. 여러 세대를 거치고 난 오늘날, 로젠츠바이크의 책이 지닌 진정한 철학적·종교적 통찰은 신지학神智學적이고 우주론적인 사색들, 혼란스러운 신조어들, 그리고 그가 '새로운 사유'를 구성한다고 주장하며 사고, 시간, 언어 등과 관련하여 차용한 혼성 개념들의 거미줄 안에 파묻혀버린 상태다. 그러나 일단 누구든 어떤 비평가가《구원의 별》에 가득 찬 '카발라kabbālāh(중세 유대교의 신비주의 종파―옮긴이) 풍의 상징 팔아먹기'라고 부른 것 너머를 꿰뚫어본다면, 그는 인간의 유한성에 완전히 부합하면서 동시에 그 유한성 내에서 초월(혹은 '구원')의 경험이 가능한 삶을 산다는 것이 무슨 의미일까에 관한 심오한 명상을 발견한다.

유한성과 초월성의 상호 작용은 《구원의 별》 2부의 주제다. 여기서 로젠츠바이크는 신, 인간, 세계의 관계를 그가 특별한 의미를 부여한 용어들인 '창조' '계시' '구원'을 통해 설명한다. 이교도의 종교를 포함해 모든 종교는 세계와 인간을 신의 피조물로 이해한다. 유대주의를 특징짓고 이에 따라 기독교와 이슬람까지 특징짓는 요소는 그런 세계가 만약 인간과 신의 호혜적 활동을 통해 활력을 얻지 못한다면 그것은 그저 벙어리 같은 미완성의 세계에 지나지 않음을 발견한 것이었다고 로젠츠바이크는 말한다. 신과 인간은 계시의 순간에 서로를 마주쳐서 바로 그 순간에 의해 기적적으로 변한다. 세계가 변하듯이 말이다. 그들 만남의 언어는 사랑의 언어다. 〈아가雅歌〉(구약성서에 나오는 8장으로 구성된 문답체의 노래―옮긴이)에 대한 멋진 강해에서 로젠츠바이크는 그 스스로가 더 충만해지고자 자신의 피조물에게 더욱 관심을 쏟고 그것에 사랑을 주입하고자 하는, 살아 있는 신을 기술한다. 인간은 자신이 이런 애정을 받는 대상이라고 느끼고, 대화를 통한 진정한 조우가 허락되면서 결국 변한다. 이로써 창조 전체가 '방향성'을 갖게 되며 무엇보다 인간이 그러하다고 로젠츠바이크는 말한다.

사랑은 계시하지만, 사랑은 또한 채우기를 원한다. 로젠츠바이크의 용어를 사용하자면, 사랑은 구원하기를 원한다. 그리고 그것은 신, 인간, 세계를 온전하고 완벽하게 만들기를 원한다. 하지만 이런 구원은 어떻게 일어나는가? 정통 기독교와 유대교는 구원을 시간의 종착점에 위치시킨다. 그때가 바로 신이 구원을 의도한 때다. 반면에 셸링과 헤겔 같은 근대 사상가들은, 창조는 내재적 원리들의 작동을 통해 완성을 향해 가고 있다고 상상했다. 로젠츠바이크가 생각한 구원은 이들 정통적 개념과 이단적 개념을 비록 완전히 정합적이지는 않지만 매우 독특한 방식으로 조합한 것이다. 그는 궁극적 구원이란 오로지 시간의 바깥에서만 이뤄질 수 있으며 만물에 스며들어 있는 어떤 미상未詳의 세계-영혼world-soul이 아니라 오직 신만이 홀로 그 일을 유발한다는 정통의 가르침을 받아들인다. 그러나 그는 또한 우리가 지금 현재 구원을 '기대한다'고도 말한다. 그것은 곧 우리 자신과 세계로 하여금 우리로서는 단지 희망할 수만 있고 재촉할 수는 없는 궁극적 심판을 맞이할 각오를 다지게 하는 것이다. 그리고 기다리는 동안에 우리가 함께 살며 숭배할 때 사랑은 계속해서 나름의 할 일을 수행한다. 그런 인간적인 상호 교류를 가능케 함으로써, 신은 그 자신의 종국의 구원(아주 오래된 그노시스식 발상이다)을 준비하고 있는 것이다.

로젠츠바이크가 언급한 대로, 구원의 교리는 이교 신앙의 씨앗이다. 이 문제는 헤아리기가 쉽지 않다. 만약 구원이 온전히 신의 과업이라면, 우리는 신의 과업은 그냥 신에게 맡겨두고 우리가 할 일은 모른 체하고 싶은 마음이 든다. 하지만 만약 우리가 이 구원의 노력에 직접 참여한다고 생각하면, 우리가 현세의 활동을 통해 스스로를 구원할 수 있다고 생각하고 싶은 유혹이 마찬가지로 커진다. 로젠츠바이크는 이런 이교 신앙의 밑바탕에 감춰져 있는 일종의 간지奸智를 간파하고 이에 대해 독창적인 설명을 제시한다. 그는 계시의 빛 속에서 구원을 기다리며 살아가는, 상호 보완적이지만 똑같이 타당한 두 가지 삶의 방식이 이 이교 신앙의 배후에 놓여 있다고 제안한다. 한 가지 방식은 유대주의에 속하고 다른 하나는 기독교에 속한다.

단연코 가장 풍부한 내용을 담고 있는《구원의 별》3부에서는 유대적 삶의 방식과 기독교적 삶의 방식을 사회학적으로 놀랍게 비교한다.(로젠츠바이크는 이슬람교를 서툴게 모방한 계시 종교 정도로 치부한다.) 그가 그린 기독교의 초상은 알고 보면 헤겔에게서 끄집어낸 것이라서 온전히 독창적이지는 않지만 극적인 면모가 있다. 헤겔의 생각과 마찬가지로 로젠츠바이크가 바라본 기독교의 확연한 신학적 특징은 예수 그리스도라는 육화된 신에 대한 믿음과 그가 돌아올 것이라는 기대다. 이 계시적 사건은 물론 시간을 세 시기로 나누는 결과를 낳았다. 그리스도가 도래하기 전의 영원한 시대, 그의 재림 이후에 찾아올 영원한 구원의 시대, 그리고 기독교인이 살아가야 하는 시대이자 로젠츠바이크가 '영원한 길'이라고 부르는 현세의 시대가 그것이다. 사회학적으로 말하자면, 이는 기독교가 역사의 일원이며 실제로 그런 존재이고자 했음을 의미한다.

기독교인들이 그들에게 계시된 바를 이해하고 구원을 기다리는 방식은 그들 개개인의 삶과 집단의 삶을 하나의 여정으로 바꾼다. 기독교인은 늘 길 위에 있다. 이교도로 탄생하여 세례를 받고 유혹을 극복하며 복음을 전파한다. 교회도 그렇다. 교회는 모든 인간을 형제로 여기며, 따라서 그들을 개종시키거나 필요하다면 정복해야 한다는 의무감을 느낀다. 로젠츠바이크가 생생하게 표현한 대로, 기독교인은 영원한 순례자이기에 자신이 지그프리트(용을 무찔렀다고 하는 북유럽 신화의 전설적 영웅—옮긴이)와 그리스도 사이에서 분열되어 있다고 느끼며 소외된 존재가 된다. 따라서 기독교인은 결코 세계 안에서 완전히 편안하지가 않다. 하지만 이런 기독교인의 영혼이 겪는 긴장은 매우 생산적이었다. 기독교 문화는 스스로와 벌인 투쟁을 통해 역사의 파도를 전진시켰다. 고대에서 벗어나 중세의 세계로 나아갔고, 그다음에는 프로테스탄트의 세기들을 맞았으며, 마침내 세속화된 기독교가 승리의 개가를 올리는 근대기에 이른 것이다. 이런 방식으로 기독교는 시간 안에서 이루어지는 활동을 통해 세계의 구원을 준비한다. (이는 기독교의 운명을 바라보는 성 아우구스티누스의 관점이 아니라 헤겔의 관점을 상기하게 한다.)

로젠츠바이크에 따르면 유대주의는 상이한 요청에 응답한다. 기독교의 계시와 그 역사가 문을 열기 훨씬 오래 전부터 유대인들은 유일한 계시의 민족으로서 자신들의 신과 무시간적인 직접

대면의 관계 속에서 살았다. 그들은 이미 아버지와 직접적인 교감을 쌓았기에 중개자가 필요 없었다. 그들은 이미 운명으로 정해진 바 그대로 존재하기에 어떤 역사적 과제도 주어지지 않았다. 유대인들은 시간 속에서 구원을 바라며 노력하기보다는 그들 종교의 역법曆法을 통해 상징적 형태의 구원을 기대한다. 그리고 이런 의미에서 그들은 이미 영원한 삶을 사는 것이다. 로젠츠바이크는 이렇게 썼다. "유대 민족은 〔다른〕 민족들이 여전히 나아가고 있는 그 목표에 이미 도달한 상태다." 이는 유대인에게는 역사 자체가 아무런 의미가 없음을 의미한다. "구원은 여전히 도래해야 하지만, 오직 세계의 역사에 포위되지 않은 영원한 민족만이 매 순간마다 하나의 총체로서 창조와 구원을 한데 동여맬 수 있다." 유대인들은 그들 고유의 땅에 살고 있으면서도 항상 망명 중이다. 역사로부터 말이다.

나머지 인류와 유대인의 분리는 율법과 히브리어를 통해 유지되지만, 가장 강력한 방어 수단은 혈연이다. 피의 종교로서 유대교에 대한 로젠츠바이크의 언급들에 일부 독자는 당혹감을 느끼며, 심지어《구원의 별》의 영어 번역자는 그 부분을 살짝 누락해 버렸다. 하지만 로젠츠바이크가 말해야만 했던 바에는 저열한 구석이 조금도 없다. 종교 공동체가 운명을 정복하고 신과의 직접적이고 지속적이고 영원한 관계를 보장하는 유일한 방법은 '피의 공동체'가 되는 길뿐이다. 로젠츠바이크는 이렇게 적는다. "피에 근거를 두지 않는 모든 영원성은 의지와 희망에 근거를 두어야 한다. 오로지 공통의 피에 근거한 공동체만이 영원성을 보장해주는 근거를 핏줄 속에서 지금까지도 따뜻하게 느낀다. …… 육신의 자연스러운 번식이 육신의 영원성을 보장한다." 유대인은 이교도와 달리 땅에 뿌리내리지 않았다. 기독교인과 달리 역사에 뿌리내리지도 않았다. 유대인들은 자신들이 신과 맺는 영원한 관계를 받드는 한 가지 방식으로서 그들 자신 안에 뿌리내렸다. 기독교인들은 자기들이 형제라고 생각하는 이방인들을 개종시킴으로써 자기들의 신앙을 증언한다. 유대인들은 번식함으로써, 육신을 통해 "유대인이 있을지어다"라고 말함으로써, 그리고 그렇게 해서 과거와 현재 세대들 사이에 성약聖約을 갱신함으로써 신앙을 증언한다. 이것은 유대인이 다른 민족의 곤궁에 도덕적으로 무심하다는 의미가 아니다. 다만 그들의 관심은 인류라고 불리는 추상체에 대한 헌신이 아니라, 신에 대한 사랑과 서로 간의 사랑에서 자라난다는 것뿐이다.

《구원의 별》에서 가장 상상력 넘치는 부분은 아마도 유대인의 종교적 역법을 분석하는 데 할애한 대목이라고 할 것이다. 거기서 로젠츠바이크는 무한하리만치 많은 일군의 제례 의식이 창조와 계시, 구원을 경험하는 유대 민족의 방식을 상징적으로 구조화한다고 간주한다. 그는 안식일의 구조에서, 유월절Pesach에서 초막절Sukkot에 이르는 가족 축제들에서, 신년제Rosh Hashanah에서 속죄일Yom Kippur에 이르는 공동체 축일들에서 일종의 신의 드라마를 본다. 인간 존재의 전체 주기가 여기 유대인의 삶 속에서 매년 재현된다는 사실이 발견된다. 이것은 전통 철학은 이해할 수 없는 유대주의의 상식이자 신과 인간과 세계 사이의 생생한 연결고리다.

하지만 이런 상식에는 대가가 따른다. 지상에서 신법神法의 담지자인 유대인들은 정치적 삶을 맹세코 접어야 한다는 것이다. 여기서 법이란 시간 속에서 발전해가는 관습과 이성의 종합이며 그러한 법의 구체적 표현이 바로 국가라고 본다는 점에서 로젠츠바이크는 헤겔의 시각을 열심히 따른다. 그런데 유대인들은 신법을 불변의 것으로 간주하기 때문에(비록 무한한 해석에 열려 있다손 치더라도) 로젠츠바이크에 따르면 유대 국가라는 것은 존재할 수 없으며 메시아적인 모든 국가 수립 시도는 우상 숭배라는 귀결이 따라 나온다. 그는 이렇게 쓴다. "국가란 시간의 한계 속에 존재하는 민족들에게 영원성을 주어서" 이미 영원성을 성취한 영원한 민족의 경쟁자로 만들려는 "시도를 상징한다." 유대인은 정치를 전혀 택할 수 없고, 진지하게 말해서 전쟁은 특히나 더 그렇다. 유대인은 선지자들의 민족이며 간혹 유토피아를 꿈꾸는 몽상가들의 민족일 수도 있을지 모르나, 확실히 정치인들이나 장군들의 민족은 아니다. 유대인은 역사를 초월하여 망명 중이기 때문에, 그들은 국적 없이 초월해 있는 사람들이다. 두말할 필요도 없이 로젠츠바이크는 시온주의자가 아니었다.

그리하여 최후의 구원을 기다리는 두 민족이 있다. 기독교인 개개인은 영적 부활에 초점을 두며, 매 순간마다 결단의 교차로에 서 있는 자신을 발견한다. 하나의 민족으로서 그들은 미래를 지향하며 자신들의 메시지를 이교의 어둠 속으로 발산하고 그 빛을 받은 것은 무엇이든 전유한다. 반면에 유대인 개개인은 이어져오는 세대를 앞뒤로 잇는 연결고리로서 산다. 그들의 부활은 출산할 때, 과거의 기억을 보호할 때, 그리고 자신들의 영적 실존을 내면화할 때 공동으로 발생한다. 《구원의 별》에는 약간 국수주의적인 어조가 이따금씩 등장하는데, 로젠츠바이크가 유대적인 삶의 심리적·사회적 조화를 기독교적인 창조적 파괴의 뿌리에 놓여 있는 자기소외와 대비할 때가 그렇다. 물론 결국에 가서 그는 그 두 가지 삶의 방식이 구원의 섭리에서 각기 나름을 기능을 이행한다는 점에서 상호 보완적이라고 본다.

로젠츠바이크가 말한 상호 보완성이 유대주의가 유대주의이기 위해서 어떻게든 기독교가 필요하다는 의미는 아니다. 당연히 필요치 않다. 그러나 세계는 기독교가 필요해 보인다. 그의 중도취소된 기독교 개종 시도 이후 얼마 지나지 않은 1913년에 일찍이 로젠츠바이크는 유대주의는 "세계 속의 일들을 교회에 맡기고 교회를 모든 시대, 모든 이교도의 구원자로 인정한다"라는 견해를 피력했다. 유대인은 개종시키려 하지 않지만, 기독교인이 개종시키려 하는 것은 좋은 일이다. 그 반면에 기독교가 이런 식의 기능을 수행하고자 한다면 유대주의가 필요하다. 즉, 기독교인이 바깥의 이교도를 개종시키느라 바쁜 동안 유대주의라는 본보기는 기독교인이 내부의 이교도를 단속하는 데 도움을 준다는 것이다. "만약 기독교인이 유대인을 등에 업지 않았다면 길을 잃어버렸을 것이다"라고 로젠츠바이크는 주장한다. 기독교인 역시 이를 인식하고 있으며, 그렇기 때문에 유대인을 자존심 강하고 목이 뻣뻣한 자들이고 부르며 원망한다. 바로 유대주의가 존재한다는 사실 자체와 이미 영원성을 경험한 상태라는 유대주의의 주장이 순례자 기독교인들을 부끄럽게 하는 것이다. 이들은 그들 자신의 이교적 불완전성에 경멸을 느끼고 그로 인한 자기혐오 때문에 반反유대주의자가 된다.

로젠츠바이크가 만민 공통의 유토피아주의자는 아니었다. 그는 만약 유대인과 기독교인이 각자의 입장을 진심으로 받아들인다면 결코 궁극적인 문제들에 동의할 수 없으리라는 사실을 알았다. 신은 "그 둘 사이에 영원한 반목을 설정해놓았다"라고 그는 적었다. 그리고 한번은 편지에서 이렇게 언급했다. "우리는 그리스도를 십자가에 못 박은 사람들이야, 그리고 내 말을 믿어야 돼, 우리는 또 그럴 거야. 전체 세계 속에서 우리는 홀로 있어." 하지만 신의 지혜는 또한 이 두 종교를 시간이 지속하는 한 함께 있도록 묶어놓았다. 유대교와 기독교는 계시와 구원을 경험하는 불완전한 방법들이다. 왜냐하면 그것들은 인간적인 방법들이기 때문이다. 로젠츠바이크가 생각하는 유대인이란 빛을 보지만 그 빛 안에서 한시적으로 살 수는 없는 사람들이다. 반면 기독교인은 빛이 환한 세계에서 살지만 그 빛 자체를 볼 수 없다. 신, 인간, 세계에 관한 온전한 진리는 어떤 식으로든 두 민족을 곤란하게 한다. 유대교와 기독교가 공통의 근거를 발견하는 지점은 그들의 한계 내에서이지, 그들이 성취한 것 안에서가 아니다.

《구원의 별》의 마지막 문장은 아주 단순하게 읽힌다. "Ins Leben. (삶 속으로.)" 결국 이것이 그 책의 치유 목표다. 즉, 독자들이 '낡은 사유'의 망상을 뒤로하고 로젠츠바이크가 '더는 책이 아닌 것 das Nichtmehrbuch'이라고 부른 그것, 한마디로 삶 그 자체 속으로 완전히 들어갈 채비를 시키는 것이다. 그것이 기독교인에게 무엇을 의미할지는 매우 분명하다. 역사 속 민족으로서 자신의 운명을 받아들이고 세속화된 근대 세계를 바르트가 언급하곤 했던 뱀의 열매가 아니라 기독교적 계시의 축복받은 열매로 이해하는 법을 배운다는 의미일 것이다. 유대인에게 그것은 구원의 현장 혹은 현세적 실현의 현장이라고도 할 역사로부터 벗어남을 의미할 것이다. 그들은 과거와 관계를 맺으며 살아가겠지만, 단지 각각의 유대 축일이 시간성보다 영원성과 더 깊은 관계가 있는 오래된 드라마를 재현한다는 의미에서 그러할 뿐이다.

로젠츠바이크의 노스텔지어는 유대적인 과거를 초월적 이상理想으로 변모시킨다. 그 과거는 시간 거슬러 올라감으로써 발견하게 되는 어떤 상태 같은 것이 아니다. 비록 파토스가 깊이 스며들어 있기는 하지만, 그것은 아름다운 이상이다. 로젠츠바이크가 죽고 몇 년 지나지 않아 정치가 유럽 유대인들의 발목을 잡고 모든 탈출구를 봉쇄하기에 이른다. 유대인들은 선택의 여지없이 태곳적 이래 처음으로 역사의 흐름 속으로 다시 돌입할 수밖에 없었다. 운명의 통제권을 강탈당한 것이다. 쇼아Shoah(2차 세계대전 중에 발생한 유대인 대학살—옮긴이)를 겪고 난 후, 현재를 벗어나 미래를 건설하는 것이 유대 민족에게 숙명적인 '삶das Leben'이 된 것이다. 영원성은 미뤄져야 한다.

내재한 종말

에릭 뵈겔린

> 역사가는 뒤를 돌아보는 선지자다.
>
> ― 프리드리히 폰 슐레겔

위기는 역사의 어머니다. 헤로도토스와 더불어 시작된 역사 쓰기의 충동은 민족과 제국이 겪는 언뜻 보아서는 석연치 않은 운명의 반전들을 설명해야 할 필요성과 밀접한 관련성이 있다. 최고의 역사 서술은 그러한 필요성을 충족하면서도 여전히 인간 행위의 개방성과 예측 불가능성을 포착한다. 물론 최고의 역사 서술이라고 해서 언제나 가장 잘 기억에 남는 것은 아니다. '다중인과적 설명'을 제공하는(그리고 이와 같은 난해한 개념들을 사용하는) 역사가들은 오래가지 않는 반면, 실로 만물의 감춰진 원천을 발견한 역사가들은 모방되기도 하고 공격받기도 하지만 결코 망각되지 않는다.

20세기에 유럽의 역사 쓰기는 일종의 '폐허 문학 Trümmerliteratur'

이 되었다. 1933년, 아니 1917년, 아니 1789년에, 아니 그보다 훨씬 더 오래전에 붕괴한 문명의 폐허를 되돌아보는 것이다. 독일인들은 이런 종류의 폐허 문학에 특화된 사람들이다. 그 이유는 독일의 풍경 속에 너무도 많은 잔해가 흩뿌려져 있기 때문만은 아니다. 19세기에 역사가들은 헤겔을 흉내 내고 싶어 했다. 헤겔의 웅장한 철학적 시선은 인간 문화의 모든 측면을 한데 엮어 역사의 진보를 이해하는 매끈한 변증법적 설명으로 바꾸어놓았다. 1차 세계대전의 재앙 이후에는 그 이야기를 철학적 의미가 담긴 파멸과 쇠퇴의 묵시록으로 탈바꿈시키는 것이 과제가 되었다. 오스발트 슈펭글러 혼자만이 아니었다. 에드문트 후설이 1차 세계대전 직전에 행한 한 유명한 강연에서 "유럽 실존의 '위기'는 …… 철학적으로 발견할 수 있는 **유럽 역사의 목적론**이라는 배경에 비추어보면 이해할 만하고 명료해진다"라고 선언했을 때 그는 많은 독일 사상가를 대변한 것이었다.

미국인의 본래적인 종교적 상상력에서 묵시록적인 기미가 나타나기는 하지만, 어쨌든 미국은 나름의 이유들로 인해 위기의 역사에 탐닉한 경우가 드물다. 그러나 1930년대에 히틀러를 피해 도망한 독일 학자들이 미국으로 건너오기 시작할 무렵, 시대의 위기를 다룬 매우 거대하고 암울한 사상들이 그들을 따라 함께 미국으로 들어와 곧 반향을 얻었다. 한나 아렌트Hannah Arendt, 레오 스트라우스, 막스 호르크하이머Max Horkheimer, 테오도어 아도르노Theodor Adorno의 진단은 저마다 매우 달랐다. 하지만 그들 모두는 그 위기를 상상할 수 없는 것들을 준비했던 서구적 사유의 변형으로 여겼으며, 정치적 출구를 찾기 전에 우선은 새로운 지적 출구를 찾아내야 한다고 생각했다.

성인이 된 이후 대부분의 생애 동안 에릭 뵈겔린Eric Voegelin도 그들 무리에 속해 있었다. 아렌트와 스트라우스 둘 다와 친분 관계가 있던 오스트리아 이민자 뵈겔린은 살아생전에 결코 대중적인 독자층을 폭넓게 확보한 적이 없다. 북아메리카와 유럽 학계에 뵈겔린주의자들이 있긴 했지만, 뵈겔린 자신이 혼자 있는 것을 매우 좋아한 데다 괴팍한 사상가여서 온전한 학파를 남기지 못했다. 그는 독일 '역사' 서술의 암울한 정원에서 탁 트인 대로변에 이식된 독창적인 온실의 화초였다. 이것이 바로 결국에는 그의 역사적 노스탤지어가 자신의 한도 끝도 없는 호기심의 습격을 이겨내지 못한 이유였다.

에릭 뵈겔린은 1901년에 쾰른에서 태어났고 아홉 살 때 독일을 떠나 빈으로 갔다. 그는 법학과 정치학을 공부했으나 나중에 그가 말한 바에 따르면 카를 크라우스Karl Kraus를 읽음으로써 진정한 배움을 얻었다. 크라우스는 빈의 신랄한 언론인으로, 그가 시대의 위선과 비열함을 향해 퍼부은 공격은 1차 세계대전 무렵 성년에 이른 세대 전체에 영향을 미쳤다. 뵈겔린은 자국 오스트리아를 벗어난 덕분에 젊은 유럽 학자로서 유별난 단계를 밟을 준비를 할 수 있었다. 1924년에 그는 장학금을 받아 미국으로 떠났고 미국 대학들에서 공부하며 2년을 보냈다. 컬럼비아 대학교에서 존 듀이John Dewey의 과목을 수강했고 조지 산타야나George Santayana의 저술들을 발견했다. 이 경험이 그의 첫 번째 저서인 《미국 정신의 형식에 관하여On the Form of the American Mind》(1928)에 영감을 불어넣었다. 이 책은 듀이 같은 미국 실용주의자들보다는 막스 셸러Max Scheler나 빌헬름 딜타이Wilhelm Dilthey 같은 독일 사상가들에게서 받은 영향이 더 컸다. 그래도 뵈겔린의 미국 경험은 큰 효과가 있었다. 그가 빈으로 돌아와 대학 교수직에 임용되었을 때, 가시지 않는 인종주의적 혐오와 그런 인종주의에 대한 수치스러운 지적 정당화도 그를 따라 함께 들어왔다. 나치의 생물학적 인종주의를 옹호하는 사이비 과학 저술들이 오스트리아에서 퍼져나가기 시작한 이후, 히틀러가 권력을 장악하고 얼마 지나지 않아 출간된 두 권의 책에서 그는 그런 궤변들을 공격했다. 뵈겔린은 이 책들과 그가 쓴 여타의 글들 때문에 오스트리아 나치 일당이 지목한 공격 목표가 되었고, 결국 1938년 오스트리아 '합병' 직후 그를 체포하라는 나치의 명령이 떨어졌다. 그는 경찰이 자신의 아파트를 수색하는 동안 기차를 타고 탈출했다.

뵈겔린은 공산주의자도 유대인도 아니었지만 자신도 미국에서 일자리와 안전을 구하고자 하는 망명 학자들 무리에 속해 있음을 실감했다. 예전에 미국 체류 경험이 있었음에도 이들 무리 내에서는 무명 신세나 다름없던 그는 독일어를 사용하는 외국인이어서 미국에서 정식 강의 자리를 찾는 데 어려움을 겪었다. 그

56

러다 마침내 루이지애나 주립 대학교에 자리를 잡게 되었고 거기서 1958년까지 가르쳤다. 그리고 영어로 책을 쓰기 시작했다. 이들 저서들을 발판 삼아 그는 다시 독일로 초청되어 뮌헨에 연구소를 설립했다. 그는 그곳에서 10년을 머물렀지만 1960년대 후반의 악독한 정치적 분위기가 그를 내쫓고 말았다. (언젠가 그가 언급한 대로, 그는 '전통을 지키려는 근엄한 바보·천치들과 혁명을 좇는 묵시록적인 바보·천치들 사이에서' 진퇴양난에 처했다.) 그는 1969년에 미국으로 다시 돌아가 캘리포니아의 후버 연구소Hoover Institution에 자리를 얻고 있다가 거기서 1985년에 죽었다.

미국 시절에 뵈겔린은 놀라울 정도로 다작多作을 했으나 그 방식이 기이했다. 미국에 도착한 직후, 그는 한 미국인 출판가에게 해당 분야에서 다른 표준적인 교과서들과 경쟁할 수 있는 짧은 정치사상사 책을 한 권 써달라는 요청을 받았다. 그러자 그는《정치사상의 역사History of Political Ideas》라는 거대한 미완성 원고의 집필 작업에 착수했는데, 이 저술은 서른 네 권짜리 그의《전집 The Collected Works》에서 여덟 권을 차지할 정도로 방대하다. 너무도 비현실적인 그 작업을 1950년대에 포기하고 난 다음에 그는 '계급과 역사'에 관한 여섯 권짜리 연구서 집필 프로젝트에 착수했고 이 또한 죽을 때까지 완성하지 못한 채로 남았다. 뵈겔린은 이런 과업들 말고도 여기에 보태 수백 편의 논평과 논문, 여러 권의 또 다른 책들, 극히 길고 복잡한 편지들, 대담들, 그리고 매혹적인 짧은 자서전까지 생산했다. 이런 병적인 다변증多辯症 자체도 그렇지만 게다가 다른 나라 말로 그리 한다는 것은 경악할 만한 일이다. 그리고 마찬가지로 의구심도 생겨난다.

준비되지 않은 독자가 뵈겔린의 저술들을 일별하고 나면 당혹감에 빠진다. 왜냐하면 그의 저술은 세상만사를 모두 다룬 것처럼 보이기 때문이다. 비잔틴 역사, 중세 신학, 게슈탈트 심리학, 구석기와 신석기 시대의 시각 상징들, 그리스 철학, 미국 헌법의 발전, 사해 문서, 중국 제국의 역사, 구약 성서의 해석, 폴리네시아의 장식 예술, 조로아스터교, 이집트와 메소포타미아의 우주관, 르네상스 때 티무르의 이미지들, 이밖에도 많다. 그는 조지 엘리엇George Eliot의《미들마치Middlemarch》에 나오는 커소번Casaubon 씨를 연상시킨다. 과도하게 박식다식한 커소번이 '모든 신화학의 열쇠'를 찾고자 시도했던 탐구는 그에게 오로지 마감할 수 없는 미완성의 저서들만을 남겨주었다. 그러나 뵈겔린의 모든 저술에서 길잡이가 된 것은 종교와 정치의 관계를 바라보는 기본 직관이었고, 현대사의 지각 변동을 그 관계의 변형들로 어떻게 설명할 수 있느냐 하는 것이었다.

뵈겔린의 주요한 저술들은《정치 종교들Die politischen Religionen》에서 그 싹을 전부 찾을 수 있다. 이 책은 오스트리아 '합병' 직전에 급히 써 내려간 치밀한 소책자로, 그가 피신한 이후 스위스에서 출간해야 했다. 이 책에서 그는 나치를 어둠의 자식들이라고 공격하는데, 그는 현대의 세속화된 서구가 나치주의의 탄생에 책임이 있다고 보았다. 적어도 이런 관점은 평범하지 않았다. 왜냐하면 바로 그 시기에 그 현대의 세속화된 서구가 히틀러와 맞서 싸울 전투를 준비하고 있었기 때문이다. 뵈겔린은 자신의 주장을 옹호하기 위해 그 후로 30년이라는 세월에 걸쳐 공들여 다듬게 될 대략적인 이야기를 구상했다.

이야기는 이집트와 메소포타미아를 비롯해 고대 근동 지역의 초기 문명들에서 시작한다. 이곳의 국가들은 자기들에게 정통성을 제공하는 신의 기운을 하사받았다. 이 잃어버린 세계에서 왕은 신의 중재자, 혹은 아예 신의 역할을 하면서 신의 질서를 상징하는 대행자로 나타났다. 뵈겔린이 볼 때, 이것이 모든 문명의 최초 상태였으며 신성함에 대한 믿음이 없었다면 어떤 문명도 질서를 확립할 수 없었을 터였다. 고대 세계에서 신과 인간의 유대는 매우 단단했으나 기독교의 부흥과 더불어 비로소 느슨해졌다. 기독교는 신의 질서와 정치 질서를 구분하는 신학적 원리를 제시한 최초의 세계 종교였다.

비록 이 원리는 주로 그것이 위반될 때 존재감이 드러났다는 점은 뵈겔린도 인정하는 바이지만, 초월적인 신국神國을 인간의 지상 국가와 구분한다는 바로 그 생각은 서구 역사에서 심오한 영적·정치적 함의를 지니는 것이었다. 이 구분은 한편으로 왕궁을 통과하지 않고도 신에게 갈 수 있는 길을 열어주었고, 다른 한편으로는 신의 직접적인 인도 없이도 인간이 스스로를 다스릴 수 있겠다는 기대를 불러일으켰다. 정신적 풍요는 정치적 빈곤의 위험을 수반했고 마침내는 인간이 신의 감시로부터 전적으로 자유로워지고 싶은 유혹까지 생겨났다. 17세기와 18세기의 과격한 계몽주의는 그 유혹에 기꺼이 굴복하면서 기독교가 시작한 그 과업을 완성했다. 뵈겔린의 말을 빌리자면, "신을 참수해버린 것이다."

하지만 정치가 신으로부터 근대적 해방을 이룩한 것이 곧 인간이 인간으로부터 해방되었음을 의미하지는 않았다. 실제로는 정반대였다. 계몽주의는 신이 국가에 개입하지 못하게 만들었지만, 문명을 처음 생겨나게 한 신격화의 관행을 철폐할 수는 없었다. 뵈겔린의 견해에 따르면, 계몽주의 이후 근대 서구 역사에서 벌어진 일이란 곧 인간이 그 자신의 행위를 신성한 어휘들로 진술하기 시작한 것이다. 특히 인간 자신이 전통적 권위의 원천들에서 벗어나 새로운 정치 질서를 창조한 일들을 그런 식으로 생각했다. 근대의 인간은 프로메테우스가 되었다. 무엇이든지 전부 다 자기 의지대로 바꿔버릴 수 있는 신이라고 믿게 된 것이다. 뵈겔린은 이렇게 말했다. "신이 세상의 뒤로 들어가 눈에 보이지 않게 되었을 때, 세상의 사물들이 새로운 신이 된 것이다." 이 말을 이해하고 나면, 20세기의 거대한 이념 운동들인 마르크스주의, 파시즘, 민족주의 등의 참된 본성은 명백해진다. 그것들은 모두 선지자들, 사제들, 신전에 바쳐진 희생 제물들로 가득 찬 '정치 종교들'이다. 우리가 주님을 버릴 때, 총통 숭배가 언제 시작될지는 단지 시간문제일 뿐이다.

신에 대한 접근이 차단될 때 세속의 삶에서 종교적 충동이 다시 나타난다는 이 수력학水力學적인 발상은 19세기 이후 특히 근대사의 행로에 저항하는 기독교 신학자들 사이에서 반反계몽주의적 사유의 기본 요체가 되었다. 그러나 이들 신학자들이 염두에 둔 확실한 치료제는 이것이었다. 단 하나뿐인 참된 신앙으로 귀환하는 것 말이다. 뵈겔린이 생각한 치료제도 그것이었을까? 그가 자신의 종교적 관점에 관해 과묵한 태도를 유지했기 때문에 적지 않은 보수적 독자들이 아마도 그러하리라고 생각했지만, 실은 아니었다. 프로테스탄트로 자라난 뵈겔린은 마치 '초월'이나 '신성' 같은 것들의 존재에는 의문의 여지도 없다는 듯 그런 개념들에 관해 아무렇지 않게 글을 썼다. 하지만 그는 결코 그런 개념들에 관해 특정한 교리적 신앙을 표현한 적이 없고 기독교에 대해서는 대놓고 비판적이었다. 이를테면 그는 기독교가 근대 정치의 도래를 조장한 책임이 있다고 비난했다. 그 대신 그가 쓴 종교와 철학의 역사는 현세의 영역 너머에 무엇이 존재하는지 이해하고 그것이 개개인의 의식이나 사회 질서와 어떤 관계가 있는지 결정해보고자 한 인간의 반복적 시도들에 관한 이야기였다. 뵈겔린이 개인적으로 어떤 믿음을 갖고 있었는지 알 수는 없지만, 그는 분명히 종교가 가진 힘 자체를 인간 사회를 조형하는 생명력으로서 높이 평가했다. 종교의 고유한 기능이 존중되는 한, 종교는 인간 사회가 선한 목적들을 지향하게 할 수 있다고 본 것이다. 그가 나름의 방식으로 신성한 초월적 질서의 존재를 수용한다는 점에는 의심의 여지가 없다. 《정치 종교들》의 기본 주제는 종교

없이 세계를 창조한다는, 신의 개입이 금지되는 정치 질서를 창조한다는 환상이 필연적으로 히틀러, 스탈린, 무솔리니 같은 괴이한 세속화된 신들의 창조로 이어졌다는 것이다.

그것은 또한 뵈겔린이 영어로 쓴 첫 번째 저서인《새로운 정치학The New Science of Politics》(1952)의 주제이자, 1956년에 첫 선을 보이기 시작한 이른바《질서와 역사Order and History》라는 방대한 여러 권짜리 저술의 주제이기도 하다. '정치 종교들'이 야기한 전쟁과 파괴의 경험이 뇌리에 생생한 뵈겔린은 모든 사회가 저마다 자기 사회를 떠올릴 때나 역사 속에 등장한 자기 사회의 제도들을 정돈할 때 사용하는 상징들을 분석할 수 있는 새로운 정치학을 발전시키고 싶어 했다. 그의 '상징' 개념은 다소 모호하지만 유연하기도 해서, 덕분에 예를 들어 고대 메소포타미아 지역 왕권의 상징성과 미국 민주주의의 수사학이 드러내는 상징성을 비교하는 일도 가능할 수 있었다. 물론 왕의 즉위, 왕궁 및 부속 건물의 설계, 투표와 관련된 관례들 등과 같은 정치 생활의 일면들이 상징적 의미를 갖는다는 것은 인류학적으로 진부한 얘기에 불과하다. 뵈겔린 사상의 신선한 측면은 그런 진부한 얘기를 역사이론과 결합하는 그의 독특한 방식이었다. 그는 인간 문명에서 상징화라는 보편적 과정이 내밀하게 작동하면서 세계 역사에 확연히 눈에 띄는 방향성을 제공했다고 말한다.

그는 우리가 일단 모든 사회를 '코스미온cosmion'으로 간주하면 그 과정이 밖으로 드러날 수 있을 거라고 생각했다. 코스미온이란 의미가 부여되고 초월적 질서의 구조에 부합한다고 믿어지는 자족적인 상상의 세계를 가리킨다. 예를 들어 뵈겔린이 인용하는 고대 바빌로니아의 함무라비 법전 전문前文을 고려해보라.

땅의 운명을 결정한 아누나키족Anunaki의 왕이신 숭고한 아누Anu와 천상과 지상의 주인이신 벨Bel이 공정의 신 에아Ea의 파양된 아들 마르두크Marduk에게 현세 인간의 지배권을 부여하고 그를 이기기족Igigi의 위대한 자로 삼았을 때, 그들은 바빌론〔땅〕을 그의 빛나는 이름으로 부르고, 그곳을 지상의 위대한 곳으로 만들고, 그 땅에 천상과 지상만큼이나 단단하게 토대를 놓은 영원한 왕국을 세웠다. 그러자 아누와 벨은 나를 신을 두려워하는 고귀한 군주 함무라비Hamurabi라는 이름으로 부르면서 땅에 공정한 규율을 만들어내고 못된 자들과 악한 자들을 무찌르게 했다. 그리하여 강한 자들은 약한 자에게 해를 끼쳐서는 안 되며, 그리하여 나는 인간의 행복을 증진하기 위해서 샤마시Shamash 같은 검은 머리 족속들을 다스리고 그 땅을 교화해야 한다.

여기서 '영원한 왕국'의 구조는 우주('천상과 지상')의 구조와 단도직입적으로 비교되며, 자기 백성에 대한 군주의 지배는 '현세 인간'에 대한 신들의 지배와 닮았다.

기원전 첫 천년의 기간 중 어느 시점에서 이 상징적 질서가 더 복잡해지고 더 '또렷해졌다'고 뵈겔린은 주장한다. 인간과 사회는 서로를 독립적으로 보기 시작했으며, 신적 질서에 부합하기 위해서 양쪽 모두에게 철학이나 계시 종교가 필요해 보였다. 이제 참된 인간이란 자신의 영혼에서 그런 조화를 이루어내고자 노력하는 자이며, 참된 통치자는 그것을 사회에서 성취하고자 시도하는 자였다. 이런 시각을 반영하고자 완전히 새로운 일군의 상징이 발전했고, 이러한 발전은 고대 아테네에서 최고의 명료성에 도달했다. 뵈겔린이 표현한 대로, "역사상의 이 금쪽같은 시간"에 플라톤의 철학과 아이스킬로스의 희곡들이 새로이 모습을 드러낸 인간 실존의 진리를 표현했다.

문명의 발전에 관한 뵈겔린의 포괄적 견해는 19세기 독일 철학자 프리드리히 셸링의 '인간의 시대'에 관한 신비주의적 사변, 그리고 20세기 들어 슈펭글러, 아널드 토인비Arnold Toynbee, 카를 야스퍼스Karl Jaspers의 사상에서 크게 영향을 받은 것이었다. 물론 그가 그노시스주의 현상을 논지의 중심축으로 삼았다는 점에서 그의 작업은 새로웠다. '그노시스주의Gnosticism'는 오랜 세기 동안 많은 사람들에게 많은 것을 의미했던 용어다. 이 단어는 초기 교회의 이단 공격 문헌들에서 사용된 신조어로, 고대 말엽에 생겨난 상이한 이단 집단들에게 오명을 씌우는 데 사용되었다. 일부는 기독교인이라 주장하고 일부는 유대교인이라 주장하기도 한 이들 집단은 다음 세 가지 기본 믿음을 공유한다고 여겨졌다. 창조된 세계는 급이 낮은 사악한 신, 즉 조물주의 작품이며 따라서 철저히 타락했다. 더 높은 영적 신성神性에 직접 다가가는 것은 내면의 신성한 불꽃에서 생겨나는 은밀한 지식('그노시스')을 가진 사람만이 할 수 있는 일이다. 그리고 구원은 아마도 그노시스를 보유한 사람들이 인도하는 폭력적인 세상의 종말을 통해 찾아올 것이다. 오늘날 이 분파들을 연구한 학술 문헌이 엄청나게 많이 존재하며, 이들이 정말로 많은 믿음을 공유했는지도 쟁점이다.

협소한 주제로 보일 수도 있겠지만, 실제로 그노시스주의라는 개념은 19세기 초에 독일에서 신학자들과 성서학자들이 과연 그노시스주의가 기독교의 뿌리에 해당하는지 여부를 놓고 충돌한 이래로 지금까지 독일 사상에서 커다란 역할을 수행해왔다. 곧이어 이 학술적 논의는 근대 사상도 어느 정도는 고대 세계의 이교 및 이단적 종교 사상에 빚지지 않았느냐는 매우 공론화된 토론으로 바뀌었다. 이미 1830년대에 헤겔은 근대의 그노시스주의자라는 공격을 받았고, 그 비난의 화살은 곧 그를 추종한 유토피아주의자들과 혁명가들을 겨냥하기에 이르렀다. 이 논쟁이 2차 세계대전 이후에 되살아났다. 당시 독일의 유대인 학자 한스 요나스Hans Jonas가 《그노시스 종교The Gnostic Religion》라는 영향력 있는 연구서를 출간했다. 하이데거의 젊은 제자 요나스는 고대 그노시스주의가 스승의 초기 실존주의에서 표출된 철학적 진리들을 종교적으로 예견하고 있다고 생각하고 거기에 매료되었다. 전쟁이 끝난 후, 그리고 하이데거가 공공연히 나치즘을 수용한 이후, 요나스는 그노시스적 충동과 그것이 정치에 영향을 미친 방식을 조망하는 훨씬 더 어두운 관점을 발전시켰다. 그는 하이데거의 사상이 "지금껏 있을 수 있는 그 어떤 허무주의보다도 더 한없이 급진적이고 한없이 절망적인 현대의 허무주의"라는 최종 판단에 도달했다.

《새로운 정치학》에서 뵈겔린은 기독교에 대한 반란으로부터 자라난 현 시대 전체가 본성상 그노시스적이라는 주장을 내놓았다. 기독교는 개인이 비록 자연과 사회의 산물이기는 하지만 동시에 신의 직속 자녀이기도 하며 개인의 삶이란 궁극적으로 구원을 목표로 하고 있다는 생각을 분명하게 제시하면서 그리스 세계의 상징들을 넘어서 전진해왔다. 인간의 이런 이중적 본성은 기독교의 위대한 계시였으나, 또한 은밀한 약점이기도 했다. 왜냐하면 이로써 인간은 신의 사명을 지닌 채 적대적인 세계 속으로 던져진 셈이기 때문이다. (로젠츠바이크가 믿었던 바도 이와 같다.) 기독교 순례자의 삶은 고되고, 그의 진보는 느리다. 그 삶은 지상에서 어떤 위안도 제공하지 않으며, 정치 생활에서는 확실히 그렇다. 정치 생활은 교회의 영적 사명보다 저급하며 우리의 타락한 본성과 밀접한 관계가 있다. 그리고 인간은 참을성이 없다. 구원이 기다린다는 말을 들으면 그들은 저돌적으로 천국에 닿을 탑을 쌓거나 세상의 종말을 재촉한다. 게르숌 숄렘Gershom Scholem도 유대 신비주의에서 유사한 동력을 발견했으나, 뵈겔린의 눈에는 그 동력의 강도가 최고조에 달한 종교는 메시아가 이미 도래했다가 불가해하게 떠나버린 기독교였다. 그러다가 어느 시점에서부터 유럽의 기독교인들은 그만 기다림에 지쳐버렸다. "기독교라는 영웅적 모험을 감당할 영혼의 영적 원기"가 떨어진 그들은 반란을 일으켰고 자신들의 힘을 이용해 지상에 낙원을 건설하기로 결심한다. 이것이 그노시스적인 '기독교 종말론의 내재성'을 통해 현 시대가 탄생한 방식이다. 즉, 지금 바로 이 땅의 정치를 통해 천년왕국을 추구한 것이다.

뵈겔린이 살아 있는 동안 자신의 이름을 가장 널리 알리게 된 이 사상 덕분에 그는 냉전과 대중문화와 학생 반란, 그리고 그 밖에 사실상 거의 모든 것에서 '서구의 위기'를 목도한 미국의 보수주의자들 사이에 많은 숭배자를 거느렸다. 뵈겔린은 헤겔과 마르크스를 그노시스적인 선지자이자, "그노시스의 정신이 그 속을 휘젓고 있는 시시한 중재자들"로 격하함으로써 그들과 그 아류들을 떨쳐낼 수 있는 세계사적 이유들을 제공했다. 근대 정치 혁명들, 자유 진보주의, 기술의 발전, 공산주의, 파시즘의 이력들이야말로 초월적 질서라는 바로 그 관념에 맞선 그노시스주의의 반란을 증언하는 것들이 아니고 무엇이란 말인가. 뵈겔린이 이런 반란에 대해 기독교가 부분적으로 책임을 져야 한다고 생각했다는 점이나, 미국 혁명이 그런 반란의 결과물이었다는 사실은 어쨌든 그의 보수주의 독자들의 기억에서 사라졌다. 1968년에 그는 《과학, 정치, 그노시스주의Science, Politics, and Gnosticism》라는 짧으면서 소화 불량에 걸릴 만한 책을 발표했다. 이 책에서 그는 현대 그노시스주의자들을 '신을 살해한 자들'이라고 불렀다. 마르크스는 '지적 협잡꾼'이고, 현대 사회의 대중 정치 운동들은 죄다 '종교 대용품'의 형태를 띤 것들이다. 미국에서 출간된 이 책의 번역서는 인기를 끌었고, 그 후로 보수적인 출판사들이 아직도 계속 출간하고 있다.

《새로운 정치학》이 출간된 직후에 뵈겔린은 《질서와 역사》의 첫 세 권을 매우 빠른 속도로 연달아 출판했다. 이 책들에서 그는 고대 근동에서 시작해서 포물선을 그리며 현재에까지 이르게 된 문명의 전체 흐름을 추적하기 시작했다. 이런 방식은 인간 경험의 상징화가 점점 더 또렷해지다가 기독교의 탄생으로 이어졌고, 그 뒤로 근대의 그노시스주의 때문에 쇠퇴에 이른 과정을 단지 개관했다기보다는 합리적으로 재구성한 것으로 여겨진다. 메소포타미아, 이집트, 이스라엘에서 시작해서 그다음으로 크레타인들과 아카이아인들에서부터 고대 아테네인들에 이르는 그리스의 이야기를 다룬 이 세 권의 책은 고대 역사를 관통해 지나가는 괴이하지만 재기 넘치는 경험을 제공한다. 이 책들은 민망할 정도의 수준은 아니다. 뵈겔린은 모든 것을 다 읽은 것처럼 보이며 신화들, 비문碑文들, 도시 계획, 12궁도, 예언들, 서사시들, 성서 속 이야기들, 그리스 비극들, 그리고 플라톤의 대화록들을 연결시킬 수 있었던, 누구보다도 착실한 아마추어 역사가였다. 그의 첫 세 권은 기독교에까지 이른 인간적 상승의 과정을 빠르게 확립했고, 그의 냉전기 미국 독자들은 그들 자신의 문명 쇠퇴에 관한 다음

독서를 기대했다.

그런데 무슨 일인가가 일어났다. 커소번 선생이 마음을 바꾼 것이다.

그로부터 17년이 지나서야《질서와 역사》의 그다음 권이 모습을 드러냈다. 그사이에 뵈겔린은 독일 연구소에서 자리를 잡는데 10년의 세월을 소비했다. 1974년에 마침내 책이 출판되었을 때, 독자들은 그가 기존에 썼던 내용 중 상당 부분을 철회했다는 사실을 발견했다. 그 시점에 이르기 전까지 뵈겔린의 작업은 다른 반反근대적 문화 염세주의자들이 19세기 이후로 해왔던 작업과 비슷했다. 이들은 저마다 건전한 사고방식과 생활 양식이 철폐되고 부패가 시작된 바로 그 순간을 자신이 정확히 짚어냈다고 주장하는 역사 서술을 전개했다. 하이데거는 그 순간이 소크라테스에서 시작되었다고 보았고, 스트라우스는 마키아벨리에서, 그리고 뵈겔린은 적어도 그 시점 전까지는 고대 그노시스주의에서 시작되었다고 보았다. 그러나 '전全 기독교의 시대The Ecumenic Age'라는 제목이 붙여진《질서와 역사》4권은 자신의 원래 역사 도식이 자기가 비판했던 바로 그 충동, 즉 "역사에서 정신의 작용들이 단일한 하나의 노선을 따라가도록 억지로 만들어서 이론가의 현재로 명쾌하게 이어지게 하려는 편집광적 욕망"의 먹잇감으로 전락했다는 깜짝 놀랄 고백으로 문을 연다. 이제 그는 역사란 "계시의 과정에서 나타나는 불가사의"라는 것을 깨닫게 되기에 이르렀다. 역사는 출구 없는 고속 도로가 아니라 신과 인간이 만나는 광활한 평야다. 여러 세기 동안 신비주의자들은 이 진리를 밀봉된 언어로 표현하고자 노력하면서 불가사의는 설명하지 않은 채로 그냥 두었다. 이제 뵈겔린은 이런 '신의 현현顯現으로서의' 만남에 담긴 근본적 불가사의를 유린하지 않으면서 그런 만남의 진리를 발견하는 데 필요한 것이 바로 객관적이고 학술적인 단련임을 분명히 밝힌다. 이제 바로 이것이 《질서와 역사》의 프로그램이 되었다.

참으로 안타까운 일은, 이 대작의 마지막 두 권은 읽어 나가기가 매우 어렵다는 것이다. 그 이유는 특히 뵈겔린이 자신만의 특화된 어휘를 전개해야 할 필요성을 느끼고 '논쟁술eristics' '대체용법적 의식metaleptic consciousness' '전이성 신앙metastatic faith' '함기성의 신의 현현pneumatic theophany' '자기현현의 역사egophanic history'와 같은 용어를 마치 의미가 투명하게 드러난 단어들인 양 아무렇지 않게 사용한 탓이다. (《선집》의 마지막 권에는 독자가 책을 온전히 헤쳐 가는 데 도움이 될 총 38쪽에 달하는 용어 해설집이 부록으로 들어가 있다.) 그리고 수메르 왕들의 명단에서부터 막스 베버에 이르기까지, 성 바울에서부터 미르치아 엘리아데Mircea Eliade에 이르기까지, 크세르크세스에서 야코프 부르크하르트Jacob Burckhardt에 이르기까지, 상商나라 왕조에서 루돌프 불트만Rudolf Bultmann에 이르기까지, 글의 방향이 전환될 때 유감스러운 상피병象皮病증상(피부나 피하 조직이 비대해지고 코끼리 피부처럼 단단해지는 것

70

이 주요 증상인 질병 ─옮긴이)이 나타난다. 이들 시대나 사상가에게 익숙하지 않은 독자는 책의 내용을 이해하지 못할 것이다. 참으로 애석한 일이다. 왜냐하면 그의 기본 통찰은 심오했으니 말이다.

뵈겔린은 독일에서 먼저 출간되고 10년이 지나서야 영어로 번역된《회상Anamnesis》(1966)이라는 특이한 책에서 그 통찰을 표현하고자 노력했다. 이 책은 역사의 문제가 아니라 기억(그리스어로 'anamnesis'라고 하는)의 문제로 시작한다. 뵈겔린은 스스로에게 묻는다. 우리의 경험을 시작과 끝, 파멸과 지속의 관점에서 바라보게끔 하는 것은 의식의 어떤 측면일까? 그리고 그런 심리 성향이 우리가 사회를 건설하는 방식에 어떤 영향을 미칠까? 그는 이제 그노시스주의 문제를 포함해서 "사회와 역사에서 인간적 질서의 문제들"은 "의식의 질서에서 유래한 것"임을 확신하게 되었다. 1940년대에 그는 그가 이른바 자신의 개인적인 '회상 실험'이라고 부른 작업에 착수한 적이 있다. 이 실험에서 그는 유년 시절의 기억을 탐구하고 그때의 감정들을 밑바닥에서부터 복구하려고 시도했다. 그는 그런 느낌들이 어떤 방식으로 자신의 과거를 건설할 수 있었을지 성찰했다. 이 책에는 이들 실험에 관한 생소하지만 암시적인 언급들이 포함되어 있다. 그러나 이 모든 것의 배후에서 길잡이가 된 것은 인간적 영역과 초월적 영역이 인간의 의식 안에서 만난다는 생각이다. 이는 뵈겔린이 앞서 본 그 신비주의적 개념을 역사에까지 확대 적용한 것으로, 우리 자신을 통해 "영원한 존재가 시간 속에서 스스로를 실현"한다고 제안하는 것이다.

이 특이하고 자극적인 저서가 독일에서 처음 출간되었을 때, 뵈겔린은 한 친구에게 이 책이 플로티노스Plotinus의 신비로운 글들이나 중세 문헌인《미지의 구름The Cloud of Unknowing》과 유사성이 있으며 자신은 '철학에서 새로운 문학적 형식'을 마음대로 구사하는 능력을 갖추기 위해 노력하는 중이라고 고백했다. 결국 그렇게 되지는 못했다. 그의 마지막 작업들에서 이 시적 충동은 마취 처리된 채 학문적으로 무기한 심의 보류의 상태로 남는다. 또한 그는《질서와 역사》의 마지막 권에서 근대 진보주의와의 전투에 사용할 수 있는 더 많은 실탄을 발견하게 되리라 희망하며 17년을 기다린 미국 독자들에게 자신의 냉전을 납득시키지도 못했다. 한 보수주의 비평가는 서평에서 '기독교 보수주의자들의 희망'이 '현대의 빌라도'가 되어버렸다고 적었다. 뵈겔린은 어떻게든 자신을 분류해보려는 미국인의 욕구를 재미있어 했다. 그는 자서전에서 긴 생애 동안 자기가 가톨릭주의자, 아퀴나스주의자, 프로테스탄트주의자, 헤겔주의자, 플라톤주의자로 불린 적이 있고, "내가 휴이 롱Huey Long(루이지애나 주지사를 지내고 민주당 상원의원으로 활동하며 노동자와 서민 계층을 위한 정책을 추진하던 중 암살된 미국의 좌파 정치인―옮긴이)에게서 크게 영향을 받은 것 같다는 말도 기억해두라"라고 언급했다.

72

보편적 역사 서술은 그것이 기술하는 문명에 대해서보다 그 역사 서술에 영감을 준 역사적 위기들에 대해 더 많이 가르쳐준다. 두 차례 세계대전의 충격이 뒤이은 유럽과 미국의 사유를 어떤 식으로 형성하게 됐는지 이해하고 싶은 사람이라면 뵈겔린의 웅장한 서사들에서 배울 점이 많다. 비록 그의 야심이 완전히 실현되지는 못했으나 그의 서사들은 그 20세기 재앙의 뼈저린 극악함을 어느 정도는 가늠하게 해주었다. 그리고 우리 시대에 정치적 메시아주의의 부활에 관심 있는 사람들은 그노시스적 충동에 대한 그의 엄중한 성찰을 참조하는 편이 좋을 것이다. 하지만 오늘날 우리에게 가장 큰 가르침이 된 부분은 아마도 그가 자발적으로 자신의 주제와 가정에 공개적 의문을 제기하고 특정한 고정관념을 접거나 수정하려 했던 전향적 태도일 것이다. 문화적 염세주의의 달콤쌉쌀한 위안과 절연하고 여전히 서구 지성인들에게 매력을 뽐내고 있는 문명 쇠퇴의 맞춤형 서사들에 의문을 제기하려면 대단한 각성과 독립심 강한 마음가짐이 요구된다. 에릭 뵈겔린은 다면적인 인간이었다. 미국인 여행자, 인종주의 비판자, 아마추어 역사가, 신화학자, 체계 건설가, 인간 의식의 탐구자, 신비주의자. 그러나 그의 이 모든 학식Wissenschaft에 파묻혀 잘 보이지 않는 것이 있다. 이것은《미들마치》의 여주인공 도러시어 브루크Dorothea Brooke가 결코 그녀의 가엾은 남편 커소번에게서 찾지 못했던 그 무엇이기도 하다. 바로 자유로운 정신이다.

아테네와 시카고

레오 스트라우스

고대 그리스는 근대의 가장 아름다운 발명품이다.
— 폴 발레리

레오 스트라우스Leo Strauss는 1899년에 독일 마르부르크 외곽의 유대인 시골 가정에서 태어났다. 언젠가 그가 언급한 바에 따르면, 소년기에 그가 꿈꿨던 야망은 단순하고 목가적이었다. 그는 시골 집배원이 되어 토끼나 기르면서 플라톤을 읽고 싶었다고 한다. 그의 가족은 사려 깊은 사람들이었으나 배운 사람들은 아니었다. 그는 1차 세계대전 때 입대해 복무한 후에 시온주의자 무리에 휩쓸려 들어갔고 그들이 발간하는 정치 간행물에 기고하기 시작했다. 스트라우스는 독일의 여러 대학교에서 철학을 공부했고, 결국은 함부르크에서 에른스트 카시러Ernst Cassirer의 지도하에 박사 학위 논문을 썼다. 하지만 스트라우스가 프라이부르크와 마르부르크에서 마르틴 하이데거의 강의에 참석하면서 맺은 그와의 만남이 가장 영속적인 인상을 남겼다. 그는 한나 아렌트, 한스 요나스, 카를 뢰비트Karl Löwith, 헤르베르트 마르쿠제Herbert Marcuse 등을 아우르는 당대의 특권적인 젊은 유대계 학생 세대의 일원이었으며, 이제 막 스스로 사상가로 자리 잡아가던 바로 그 시점에 하이데거와 조우했던 것이다.

1920년대 초에 하이데거는 결코 상투적이지 않은 고대 철학 강의를 시작했다. 그는 단지 플라톤과 아리스토텔레스의 견해를 설명해주기보다는 그들의 가장 기본적인 가정들을 들추어내서 의문을 제기하고 싶어 했다. 특히 '있는 것'에 관한 그들의 존재론적 가정들이 논의의 초점이었다. 하이데거의 직관은 그 최초의 철학자들이 이 의문을 왜곡했으며 무언가를 잃어버렸다는 것이었다. 한마디로 무엇이 존재하는지 합리적으로 설명해보려는 노력 속에서 세계 내에서 사유하고 존재하는 방식이 내버려졌다는 것이다. 이 과격한 문제 제기는 스트라우스 같은 학생들을 매료시켰다. 교수를 만날 것으로 기대했던 그들 앞에 마주 선 사람은 한 명의 사상가였다.

하이데거가 이러한 문제 제기를 통해 어디로 나아가고자 했는지 당시에는 분명치 않았다. 그가 소크라테스 이전 사상가들에게로 거슬러 올라간 것은 그로부터 몇 년이 지난 후였다. 그는 이들 사상가들이 '존재 물음question of Being', 즉 무엇이 어떻게 있느냐는 물음이 아니라 '있다'는 것이 무슨 의미인지 대한 물음에 우선성을 부여했다고 주장했다. 그리고 더 오랜 시간이 지나고 나서야 비로소 그는 자신의 근본 사상을 이렇게 또박또박 진술할 수 있었다. 플라톤이 '이데아'를 이야기하기 시작하고 아리스토텔레스가 '본질'을 이야기하기 시작하고 나서, 서구 문명에 장차 엄청난 파급 효과를 불러오게 될 '존재의 망각'이 생겨났다는 것이다. 치명적이게도 우리는 존재Being와 함께 있던 원래의 '거주지'를 떠나서 결국은 과학과 기술을 이용한 자연 정복과 인류의 자기소외로 이어질 행로에 올라탔다. 오늘날 우리는 가식적으로 산다. 루소나 낭만주의자들이 생각했던 대로 우리가 원래의 순진무구한 선성善性을 상실했기 때문이 아니다. 가톨릭 반동주의자들이 생각했던 대로 우리가 교회를 버렸기 때문도 아니다. 마르크스가 말했던 대로 자본주의의 발흥 때문도 아니다. 우리는 소크라테스 때문에 가식적으로 산다.

세상에는 단 한 명의 하이데거주의자만이 존재했다. 바로 하이데거였다. 그러나 철학적 전통과 현대적 삶에 대한 그의 이중적 문제 제기는 스트라우스가 속한 집단의 모든 학생에게 흔적을 남겼다. 뢰비트는 철학에서 벗어나 종교와 신학에 이끌렸다. 마르쿠제는 마르크스주의와 정치 운동에 전념했다. 아렌트는 이런 문제 제기의 정신을 현대 정치와 역사에 도입했고, 요나스는 그것을 그노시스주의와 현대 자연과학의 문제에 도입했다. 스트라우스는 예외적 사례였다. 그는 하이데거의 공식 제자가 아니었으며, 아마도 바로 그런 이유 탓에 하이데거의 도전에 다른 사람들보다 더 정면으로 맞설 수 있었을 것이다. 그는 자신의 지성적 삶을 소크라테스의 철학을 변호하는 데, 아니, 적어도 '철학의 가능성'을 변호하는 데 바치고자 했다. 스트라우스의 설명에 따르면, 서구 문명의 곤경은 근대 초기의 계몽주의 사상가들이 그리스 전통에 등을 돌리고 철학과 정치를 새로운 토대 위에 수립하고자 시도했을 때 시작되었다.

이는 결코 학문적 차원의 의견 차이가 아니었다. 하이데거가 서구 사상의 결정적인 역사적 단절을 바라보는 관점은 묵시록적인 그의 근대관뿐만 아니라 자연과 더 많이 어우러졌던 초창기 삶의 양식을 향한 노스텔지어를 반영하고 또 부양했다. 그리고 그 노스텔지어가 결국 그의 마음을 움직여 나치당에 합류하게 만들었다. 오늘날에는 도무지 이해할 수 없는 일이지만, 그것은 파시즘이 인류와 존재의 신뢰 관계를 되찾아줄 것이라는 망상에서 나온 행동이었다.[5] 하이데거의 철학적 영향력은 전쟁 이후에 확대 일로였으나, 그럼에도 그의 역사적 시각과 정치적 견해들은 그 자신 말고는 더는 아무도 설득하지 못했다.

스트라우스의 유산은 이중적이었다. 비록 그가 철학자로서 하이데거가 누린 위상을 추구하거나 거기에 필적하지는 못했지만 '고대인과 현대인의 불화'에 관한 그의 사유가 지닌 영향력은 특히 유럽과 아시아에서 계속 확대되고 있다. 그러나 상실에 관한

---

5 하이데거와 그의 국가사회주의 개입에 관한 논의는 나의 《분별없는 열정》 1장을 보라.

그의 역사 서사에 담긴 정치적 함축들이 발전된 곳은 그가 교육자로서 전 생애를 보낸 미국이다. 그리고 그것은 아마도 그가 예상하지 못한 방식들로 20세기 말 미국의 정치학을 재형성하는 데 기여했다. 하이데거의 철학적 부흥과 정치적 몰락의 이야기는 비록 현대 지성사의 가장 극적인 삽화이지만, 서구의 정치 생활에 그의 사유가 눈에 띌 만한 영향력을 미치지는 않았다. 자신을 드러내지 않고 교실 뒤편에 앉아 있던 학생 스트라우스의 사유는 이야기가 다르다.

　하이데거와 스트라우스가 보기에 철학은 도플갱어에 시달렸다. 하이데거에게 철학의 도플갱어는 소크라테스 이전 철학자들이 실천하고 횔덜린 같은 몇몇 위대한 시인들이 운문으로 포착한 바 있는 전면적인 '존재의 사유'였다. 스트라우스가 볼 때 그 도플갱어는 신의 계시였다. 그의 말에 따르면, 서구 문명의 숨겨진 수원水源이자 그 생명력의 원천은 인간적 조건을 다루는 두 가지 양립 불가능한 방식들 간에 빚어진 긴장이었다.
　신의 계시를 통해 본보기를 구하는 일이야말로 모든 문명에서 나타나는 가장 오래된 방식이다. 고대 그리스에서 발전한 또 다른 방식은 그런 본보기를 전적으로 인간 이성을 통해 찾는 것이었다. 이 긴장은 이미 그리스인의 삶 속에서 뚜렷이 나타났지만, 고대 후기에 계시라는 성서적 전통과 그리스 철학이 조우하면서 그 강도가 훨씬 더 세졌다. 그 시점 이후로 그 두 가지 완전히 상이한 사유와 생활 방식이 반성적인 사람들 앞에 제시되었다. 그 한 가지는 아테네와 소크라테스의 삶에서 이상화된 것이고, 다른 하나는 예루살렘과 모세의 삶에서 이상화된 것이다. 그리고 우리는 그중에서 선택해야 했다.

왜 꼭 선택해야만 하나? 그 이유는 본질적으로 말하자면 모든 사회가 자체의 정치 제도를 합법화하고 시민을 교육하고자 한다면 도덕성이나 죽음의 필연성 같은 궁극적 문제들에 대한 권위 있는 설명이 필요하기 때문이라고 스트라우스는 주장했다. 전통적으로 신학은 법이란 신성한 것이므로 사람들이 법에 복종해야 한다고 설득함으로써 그 일을 수행했다. 이런 식의 복종을 대체할 철학적 대안은 어떤 신학적 권위나 정치적 권위에도 신세지지 않는, 부단한 소크라테스식 문제 제기의 삶이었다. 스트라우스에게 아테네와 예루살렘 간의 이 긴장은 필연적이었고 어쨌든 인간 사회에서 불가피한 일이었다. 종교가 제공할 수 있는 도덕성과 죽음의 필연성에 관한 권위 있는 가정들 없이는 어떤 사회도 자체의 결속을 유지할 수 없다. 하지만 권위로부터 자유로워지지 못하는 한, 철학자들은 진리가 인도하는 길을 항상 따라갈 수는 없다.

소크라테스가 불경죄로 처형되고 종교를 등에 업은 권력층이 수세기에 걸쳐 철학자들을 박해한 데서 보듯, 이것은 어떤 의미에서는 비극적인 상황이다. 그러나 다른 의미에서는 건강한 상황이기도 하다. 왜냐하면 철학자와 국가는 서로에게 저마다 가르칠

부분이 있으니 말이다. 철학자들은 진리와 정의의 이름으로 해명을 요구하면서 국가를 위해 등에로 기여할 수 있다. 그리고 국가는 철학자들이 결코 완전히 합리적일 수 없는 세계에서 평범한 사람들과 함께 살고 있음을 상기시킨다. 평범한 사람들은 자신의 믿음을 고수하면서 무언가를 보장받고 싶어 한다. 스트라우스의 평가에 따르면 가장 현명한 철학자란 자신이 공동선을 생각하는 정치적 철학자가 되어야 한다는 사실을 이해한 자다. 그러나 철학자는 또한 거짓된 확신에 도전할 때 겪게 될 위험을 인지하는 정략적인 철학자가 되기도 해야 한다.

초기 저술에서 스트라우스는 이 '신학-정치적 문제'와 그것이 근대 계몽주의와 맺고 있는 관계에 관해 독특한 시각을 발전시켰다. 그의 관점에 따르면, 종교 전쟁들에 혐오감을 느끼고 고전 철학의 현실초월성에 좌절한 계몽주의 사상가들은 종교와 고전 철학 둘 다에게서, 즉 아테네와 예루살렘 둘 다에게서 벗어난 새로운 유형의 사회를 창조하고 싶어 했다. 한편으로 그들은 종교를 조롱하면서 그것의 분쇄를 원했다. 다른 한편으로 그들은 철학의 주된 관심이 진리나 아름다움이나 선에 대한 사색에서 벗어나 더 실천적인 목적들을 지향하도록 방향을 전환했다. 이 방향 전환의 기념비가 바로 프랑스의 《백과전서Encyclopédie》다. 이 기획의 배후에는 이성과 경험적 탐구에 기초해 세계를 개혁할 수 있다는 가정이 놓여 있었다. 그리고 스트라우스의 근대사 독해에 따르면 그 가정은 틀렸다. 모든 계몽주의 사상가들은 기껏해야 철학과 세계가 더 악화되도록 방치함으로써 철학의 사명을 왜곡했을 뿐이다. 철학은 19세기에 상대주의와 허무주의를 탄생시키면서 절대적 진리에 도달하는 통로가 되리라는 자기확신을 신속히 잃어버렸다. 소크라테스의 모범은 망각되었고, 더불어 아테네와 예루살렘 중에서 선택해야 할 필요성에 대한 자각도 잊었다.

스트라우스는 예루살렘 대신 아테네를 선택했다. 하지만 자기 민족의 신념을 존중했던 자랑스러운 유대인으로서 그는 또한 최고 수준으로 발전한 종교가 특히 생각 없이 사는 일상의 사람들을 위해 무언가를 제공할 수 있는 삶의 방식이 있다고 인정했다.[6] 유대교는 '미혹'이 아니었다. 그리고 그는 유대주의의 고유한 특성이 동화를 통해 철폐될 수 없을 것이라고 믿었다. 그는 프란츠 로젠츠바이크의 견해와 유사하게 유대교에서 진리란 계시를 통해 초역사적으로 허락되는 것이기에 유대교는 기독교와 달리 결코 역사와 화해할 수 없다고 본 것 같다. 유대교와 기독교의 차이

---

6   "유대주의는 재난이 아니라 말하자면 '영웅적 미망'이다. …… 더 고귀한 꿈은 결코 꾸어본 적이 없다. 가장 고귀한 꿈의 희생자가 된다는 것은 확실히 천박한 현실에서 이익을 얻고 그 속에서 나뒹구는 것보다 더 고귀한 일이다. …… 궁극적 불가사의의 진리, 즉 세상에 궁극적 불가사의가 있으며 존재란 지극히 불가해하다는 진리는 우리 시대의 신앙 없는 유대인들이라 해도 결코 부인할 수가 없다." 다음을 보라. 〈우리는 왜 유대인으로 남는가(Why We Remain Jews)〉(1962). 이 글은 유대주의에 관한 스트라우스의 저술들을 모은 논문집《유대 철학과 근대성의 위기(Jewish Philosophy and the Crisis of Modernity)》(SUNY Press, 1997)에 수록되어 있다.

를 희미하게 만들고 유대교 신앙이 근대적 감수성과 양립할 수 있도록 개혁을 시도한 근대 유대 사상가들은 실패할 것이며, 그 이유가 단지 기독교의 편견 탓만은 아니라는 것이다. 유대인들의 존재는 정치를 정치 너머에 있는 것들에 관한 주장들과 별개로 합리화할 수 있으리라는 계몽주의의 희망에 대한 도전으로 늘 남을 것이다. 계시의 소명은 유대인의 삶에서 소멸될 수 없고, 따라서 정치로부터도 소멸될 수 없다. 유대인들이 있는 곳 어디에나 예루살렘이 있을 것이다.

스트라우스와 하이데거는 한 가지 중대한 가정을 공유했다. 서구 문명의 문제들은 과거의 더 건강하고 더 원초적인 사유 양식을 포기한 데서 그 원인을 찾을 수 있다는 것이다. 그리고 하이데거처럼 스트라우스는 생애의 상당 부분을 그 중대한 일탈이 발생한 결정적 지점을 확증하고자 하는 데 할애했다. 때로는 특이하지만 어쨌든 능숙하게 고전기 그리스 철학자들과 극작가들, 중세 유대 및 무슬림 사상가들, 그리고 근대의 주요 철학자들 다수를 아우르는 그의 연구는 언뜻 보면 과거의 사상가들을 중구난방으로 다룬 것처럼 보이지만, 실제로는 잃어버린 철학의 고향을 찾으려는 철학적 실천의 일환이었다. 물론 그런 노스탤지어가 서린 모든 탐구는 그럼으로써 자신이 발견하겠노라 주장하는 바로 그것, 엘도라도의 존재를 미리 가정하게 마련이다. 스트라우스는 플라톤의 저술들에서 그 엘도라도를 찾았다고 믿었다. 하지만 그의 플라톤은 현대적인 플라톤 해석자들로부터 해방될 필요가 있는 또 한 명의 플라톤이었다.

스트라우스가 복구하고 싶다고 말한 전통은, 그의 말을 빌리자면, '탐구적zetetic'이고 '비전적祕傳的, esoteric'인 전통이었다. 'zetesis'는 탐구 혹은 의문을 의미하는 그리스어 단어이며, '의심한다'는 의미를 가진 'skepsis'와 관계 있는 말이다. 스트라우스는 소크라테스가 단지 문제가 뭔지 해명하기만 하고 미결 상태로 남겨놓은 탐구적 사상가라고 이해했다. 이런 시각은 특히 소크라테스가 플라톤의 후기 저술에 등장하여 우주론, 인식론, 정치학, 영혼 등에 관해 정교한 이론을 개진했다는 점을 참작하는 표준적인 학술적 견해와는 다르다. 그러나 더 나아가 스트라우스는 소크라테스의 활동에서 비롯된 고대와 중세의 플라톤적 전통이 정치적 관계나 교육상의 관계에서 비밀스런 전승을 실천했다고 제안하기에 이른다. 이 주장은 그의 알파라비al-Farabi 연구에서 비롯되었다. 알파라비는 중세 초기의 이슬람 철학자로, 후대의 맞수라 할 중세 유대 철학자 마이모니데스Maimonides에게도 결정적으로 영향을 끼쳤다. 알파라비와 마이모니데스에 대한 표준적 견해는 그들이 고전 철학과 계시된 율법을 화해시키고 싶어했다는 것이다. 스트라우스는 이런 생각이 공식적으로 받아들이기 좋게 포장한 통속적인 겉모습에 불과하며 그 배후에는 더 미묘한 비밀스런 가르침이 놓여 있다고 확신했다.

스트라우스가 포착한 특징에 따르면 알파라비와 마이모니데스는 자신들이 고전 세계에는 알려져 있지 않던 계시 종교들이 설정한 강력한 규약들에 직면해 있음을 깨달은 사람들이었다. 그들은 계시와 철학은 결코 서로를 논박할 수 없으며 또한 어느 한쪽을 버리지 않고 지성적으로 종합할 수도 없다고 보았다. 그러나 그들은 또한 철학의 회의주의가 철학자 자신에게나 어떤 면에서 무비판적인 믿음들에 기대고 있는 국가의 도덕적·법적 토대에나 심각한 위험을 제기할 수 있음을 이해했다. 영구적인 열린 지평 속에 거주하는 철학은 도덕성이나 죽음의 필연성에 관한 많은 기본적 의문들은 해소되지 않은 채로 남겨둔다. 대부분의 사람들과 모든 사회는 그런 의문들을 해소해줄 정답이 필요하다. 그렇다면 철학자가 여전히 철학자로 존재하면서 어떻게 그런 상황에서 책임 있게 처신할 수 있을까?

스트라우스에 따르면 알파라비와 마이모니데스는 통상적인 독자라면 철학과 계시가 양립할 수 있다는 교훈을 얻어갈 수 있게끔 무난하게 글을 썼다. 이 통속적인 교훈은 이중으로 유익했다. 그렇게 하면 철학자가 신학적 권위자나 정치적 권위자로부터 의심을 사지 않고 살면서 학문을 가르칠 수 있다. 또한 그런 권위자들에게 그들 역시 이성의 판관 앞에서 자신을 정당화해야 한다는 생각을 이식함으로써 미신과 폭정의 제동 장치로도 작용할 것이다. 하지만 세심한 독자라면 이들의 문헌들이 모순, 빈틈, 이상한 논지 이탈, 의미 없는 반복, 침묵으로 가득 차 있음을 알아챌 것이다. 더 깊게 파고들었을 때 독자는 겉모습과는 다른 비밀스런 교훈, 즉 철학과 계시는 전혀 양립할 수 없다는 교훈을 배우기 시작할 것이다. 이 비밀스런 교훈 역시 이중으로 유익하다. 이것은 독자에게 진정한 철학이란 모든 신학적·정치적 몰입에서 벗어나 자유를 유지할 수 있고 또 그래야만 한다고 가르친다. 또한 독자에게 인습적인 권위를 안전하게 상대할 수 있는 법을 모범적으로 가르쳐주기도 한다. 알파라비와 마이모니데스의 성취는 철학이 비밀스런 전승으로 실천될 때 어떻게 자유로울 수 있고 또 통속적으로 실천되었을 때는 어떻게 정치적으로 책임을 다할 수 있는지 증명해 보였다는 것이다.

이런 발견 이후에 스트라우스는 다시 시간을 거슬러 올라가 작업을 계속 이어갔다. 그것은 비밀스런 전승의 성격을 띠기도 했던 '고대의 혹은 고전적인' 철학 전통을 이상화하는 그림을 발전시키는 일이었다. 그의 관심은 이 전통이 근대기에 들어서 어떻게 사라져버렸는지를 규명하는 데 고정되었다. 그러면서 그는 지금까지의 논의를 서구 사상의(그리고 암묵적으로 서구 문명의) 쇠퇴와 타락의 **미토스**로 전환했다. 여기서 스트라우스가 하이데거에게 진 빚이 가장 뚜렷하다. 하지만 이 두 사람의 저작을 함께 읽으면 역사적 비관주의가 지적 노스탤지어로 옮겨지고 그런 다음 정치적 행동으로 되먹임 될 수 있는 상이한 방식들과 관련된 교훈을 얻을 수 있기도 한다. 하이데거 자신이 바로 이 주로를 따라 달린 사람이다. 전도유망한 현대 철학의 위대한 희망으로 출발한 그는 10년 후 '국가사회주의의 내면적 진리와 위대성'을 찬

양하는 열정적인 파시스트가 되었고 시종 "오로지 신만이 지금 우리를 구원할 수 있다"라고 예언하면서 정치적 불명예 속에서 생을 마감했다. 이것은 매우 독일적인 이야기다. 스트라우스는 미국 학생들을 가르치고 학술적인 저서들을 집필하면서 조용하고 온건한 삶을 살았다. 정치에는 결코 관여하지 않았다. 그러나 1973년에 찾아온 그의 죽음 이후 수십 년 동안 그가 창도한 학파가 양성해낸 놀라울 정도로 많은 사람들이 철학 교수로서가 아니라 워싱턴 정가의 열성적인 정치 파벌로 경력을 쌓았다. 이들의 이야기는 매우 미국적이다.

스트라우스는 38세라는 인생의 중반기에 미국으로 건너왔다. 그전에 그는 다양한 유대계 연구 센터에서 연구와 강의를 수행하는 떠돌이 독일인 학자로 1920년대의 대부분의 시간을 보냈으며, 그러는 동안 스피노자와 마이모니데스에 관한 책들을 썼다. 1932년에 마침내 여건이 바뀌었다. 그해에 그는 파리에서 연구할 수 있는 록펠러 연구 기금을 지원받게 되어 1934년까지 그 도시에 머물렀다. 그리고 그 후에 영국으로 가서 1937년까지 살았다. 독일에서 벌어지고 있던 일들을 감안할 때, 그 지원금이 그의 목숨을 살린 것일 수도 있다. 스트라우스는 영국에 머무르는 동안 홉스를 다룬 매우 높이 평가받는 저서를 출간했다. 그는 영국을 사랑했고, 그가 주고받은 서신들을 통해 판단하건대 그는 아마도 그곳에 남는 쪽을 바랐던 것 같다. 그러나 그 나라에서는 강단에서 자리를 잡을 전망이 보이지 않았고, 그의 친구 게르숌 숄렘이 자리를 보장해주는 데 실패한 팔레스타인에서도 마찬가지였다.

결국 스트라우스는 그전까지만 해도 전혀 관심을 가진 적이 없던 미국을 바라보았다. 그는 컬럼비아 대학교에서 연구원으로 잠깐 재직한 후에 1938년에 뉴스쿨New School for Social Research에서 처음으로 고정적인 강의 자리를 얻었다. 그는 그 학교에서 유명세를 얻지는 못했지만 지적으로는 생산적인 세월을 10년간 보냈다. 1949년에는 뉴스쿨을 떠나 시카고 대학교로 갔고, 바로 그곳에 그다음 20년간 남아서 이른바 스트라우스 학파를 일구어낸다.

스트라우스가 시카고에 간 때는 미국 고등 교육의 역사에서 중요한 시기였다. 2차 세계대전은 막 끝났고, 나치주의는 패배했으며, 소련과의 냉전이 시작되었다. 대학들은 규모로 보나 영향력으로 보나 팽창하는 중이었고 예전에 배척되던 사람들을 받아들이고 있었다. 그런 환경에서 키 작고 겸손한 외국인이 강의실에 들어와 카랑카랑한 목소리로 위대한 책들을 한 줄 한 줄 분석하기 시작했을 때 학생들이 얼마나 흥분했을지 상상해볼 수 있다. 학생들 앞에서 그는 그런 책들이 실존적으로나 정치적으로나 가장 절박한 의문들을 다루었으며 어쩌면 그 안에 진리가 담겨 있을 수도 있다고 역설했다. 아마도 유대계 미국인 학생들에게는 그 효과가 한층 더 강렬했을 것이다. 그들은 여전히 문화적 동화가 가장 현명한 길로 보이던 시기에 유대주의와 철학 전통을 똑같이 진지하고 품격 있게 대우하는 한 교수를 맞이했던 셈이다.

스트라우스의 교육 방법은 간결성과 직접성으로 유명했다. 학생은 지금 논의 중인 책의 특정 단락을 읽어보라는 요구를 받는다. 스트라우스는 한두 가지 논평을 하고 앞쪽 단락들과의 모순이나 불일치를 지적한다. 그런 다음 학생이 질문을 던질 수도 있는데, 그것이 스트라우스를 딴 길로 새게 할 수도 있다. 그는 질문을 훨씬 더 높은 차원으로 끌어 올리고 흔히 현실적인 사례를 들어 설명하곤 했다. (그는 특히 〈디어 애비Dear Abby〉 같은 그 시절 신문 상담란에 등장하는 사례들을 좋아했다.) 그러고 나서 다음 단락으로 넘어간다. 그리고 이것이 전부다. 그 저서를 임의적인 역사적 맥락 속에 억지로 집어넣으려는 시도는 전혀 하지 않았다. 출처를 알 길 없는 사유 동향에 호소하는 법도 없었다. 유의미한 질문은 이런 것들뿐이다. 이 저서에서 아리스토텔레스 혹은 마이모니데스 혹은 로크 혹은 니체가 의미한 바가 무엇이었을까? 그리고 관대하게 읽어준다면, 그가 혹시 옳았을 수도 있을까?[7]

스트라우스의 세미나는 지성사를 큼직큼직하게 잘라내서 다루는 방식이 아니라, 거의 언제나 단일한 철학 저술에 몰두하는 식이었다. 그러나 시카고에 도착한 직후 그는 명성이 드높은 '월

---

7 시카고 대학교의 '레오 스트라우스 센터'의 수고 덕분에 이제 수많은 스트라우스 강의 원고와 녹음테이프들을 온라인으로 참고할 수 있게 되었다. leostrausscenter. uchicago.edu.를 보라.

그린 강연Walgreen Lectures'을 맡아달라는 청탁을 받았고, 이때의 원고가 결국 1953년에 《자연권과 역사Natural Right and History》라는 제목으로 정식 출간되었다. 그의 저서 중에 가장 영향력 있는 이 책은 스트라우스 학파의 건립 증서로 여겨 마땅하다. 이 책은 말하자면 스트라우스의 시민권 신청서였으며 그가 정치학 교수직을 받아들인 방식이었다.

이 책에서 그는 정치 철학의 역사에 관한 수많은 독창적 논제를 전개했다. 이 모든 논제는 고전기부터 중세 기독교, 근대 초기 권위주의, 근대 후기 민주적·사회주의적 사상에 이르는 안정적인 상승의 과정을 기술하는 전형적인 휘그적 설명(과거는 필연적인 발전의 과정을 거쳐 점점 더 큰 자유와 계몽을 성취하는 단계로 전진해왔으며 자유 민주주의와 입헌 군주제에서 그 절정에 도달했다고 보는 역사관을 가리킨다 — 옮긴이)을 겨냥했다. 제대로 된 고찰에 따르면 소크라테스에서부터 토마스 아퀴나스까지 면면히 내려온 '고전적 자연권'에 관한 단일한 정합적 전통이 존재했었다고 스트라우스는 주장했다. 이 전통은 자연과 규약을 엄격히 구분했으며, 정의正義란 후자가 아니라 전자에 더 부합한다고 주장했다. 자연의 법칙들이 철학을 통해 발견되건 계시를 통해 발견되건, 어떤 자연관이 다른 자연관보다 더 설득력이 있건 없건, 스트라우스에 따르면 이 모든 논의보다 더 중요한 것은 자연의 정의가 정치적 제도들의 실제 판단 기준이 되어야 한다는 신념이다. 스트라우스의 견해에 따르면, 마키아벨리가 지닌 의의는 이 기준에 맞서 위대한 반란을 일으켰다는 것이다. 이것은 기독교에 맞선 반란일 뿐만 아니라 고전적 자연권 전체에 맞선 반란이기도 했다. 일단 그러한 단절이 생기고 나자, 근대 사상이 중간에 자유주의와 낭만주의를 잠깐 경유한 후 상대주의와 허무주의로 떨어지게 된 것은 시간문제였을 뿐이다.

《자연권과 역사》의 치밀하고 날카로운 논증은 보기 드문 당당한 태도로 제시된다. 물론 그렇다고 스트라우스의 전형적인 명쾌함과 아이러니가 희생되지도 않았다. 이 책은 철학의 역사를 상술하고 있으나 그것은 독자가 근본적인 질문들을 열심히 사유할 수밖에 없게 하려는 의도에서였을 뿐이다. 하지만 그의 주장에 설득력이 있는지 여부는 다른 문제다. 비판자들은 책에서 논의의 대상이 된 저자들이 저마다 역사적으로 매우 상이한 시기에 글을 썼다는 사실을 스트라우스가 무시했다고 비난했다. 기독교가 고전기의 과거와 단절했다는 점, 근대 초기의 인권 및 제한적 정부 limited government 관련 논의에 기독교적 기반이 존재한다는 점을 스트라우스가 (아예 무시한 것은 아니라 해도) 과소평가했고 그 밖에도 많은 오류를 저질렀다는 비난이었다. 심지어 스트라우스의 제자들조차 스트라우스가 자연권을 대하는 방식이 그가 소크라테스적 방법을 대하는 방식에 부합한다고 보기 어렵다고 인정한다. 소크라테스적 방법에는 권위에 호소하는 모든 논증에 의문을 제기하는 태도가 수반되며 거기에는 자연의 권위도 포함되기 때문이다.

하지만《자연권과 역사》의 진정한 문젯거리는 역사적인 것이 아니라 교육적인 것이었다. 만일 스트라우스가 전쟁이 끝난 후 유럽 대륙으로 돌아가 가르쳤더라면, 그는 아마도 고등학교에서 피상적이나마 철학의 역사를 이미 공부한 적 있는 학생들을 만났을 것이다. 철학사에 대한 공부는 아마도 학생들을 역사주의와 상대주의에는 감화되고 자연권이라는 생각에는 냉담해지게 만들었을 수 있다. 그러나 이에 대한 반대급부로 아마도 그런 학생들이라면 오늘날 그의 유럽 추종자들이 그러하듯, 스트라우스를 자기 나름의 목표를 이루기 위해 철학의 전통을 탐구한 사상가로 보았을 경향이 더 컸을 것이다. 미국의 추종자들은 그런 견지에서 그를 독창적인 사상가로 바라보는 일이 쉽지 않았다. 제자들이 저마다 고유한 사유 행로를 밟아가고자 할 때 모범으로 삼을 만한 사상가로는 보이지 않았다는 말이다. 그들은 스트라우스를 소크라테스보다는 모세처럼 대하며,《자연권과 역사》는 산에서 받아 내려온 서판처럼 대한다. 300쪽이 조금 넘는 분량의 이 책은 아테네의 '황금시대'에서부터 현대 '철의 시대Age of Iron(노벨 문학상 수상 작가 존 쿳시J. M. Coetzee가 1990년에 발표한 소설의 제목으로, 인종주의와 폭력에 물든 남아프리카 공화국의 비참한 현실을 고발한다―옮긴이)'에 이르는 우리의 지적 쇠퇴 과정을 추적하면서 철학사에 관한 다른 설명에 익숙하지 않은 미국 학생들에게 그냥 믿고 보는 서사시 버전의 철학사를 제공한다. 이 책은 하나의 대본인 셈이다. 그러나 유럽의 고등학교에서 다른 대본들과 함께

놓고 배울 수 있는 그런 성격의 대본과 달리, 이 대본은 하나의 단독적인 이야기 전개 속에서 미국에 중요한 위치를 부여했다.

스트라우스는 "우리는 이런 진리들이 자명함을 주장한다"라는 미국 독립 선언문의 한 구절로 책을 시작한 후에 이렇게 물었다. 우리는 아직도 그러한가? 현재의 서구가 아직도 자연적인 '양도 불가능한 권리들'을 믿고 있는가, 아니면 스트라우스가 냉담하게 표현한 대로 오히려 우리는 "모든 인간은 진화의 과정이나 불가사의한 운명 덕분에 많은 종류의 충동과 열망을 부여받았지만 확실히 자연권을 부여받은 것은 아니다"라고 믿고 있는가? 만약 후자라면 그것은 근대의 자유주의가 상대주의로 타락했음을 의미하는 것이 아닌가? 그리고 그것은 20세기의 정치적 재앙들을 야기한 일종의 허무주의와 구분할 수 없는 것이 아닌가? "당대의 자연권 거부는 허무주의로 이어진다"라고 스트라우스는 서술한다. "아니, 그것은 곧 허무주의와 똑같은 것이다." 이 머리글은 고전 철학의 복원이라는 언뜻 골동품 애호가의 취미처럼 보이는 과제에 흥미를 끌어모으는 수사학적 장치로서 빛나는 승리를 거둔다. 그러나 그 글은 또한 그런 전반적 기획이 미국의 운명으로 마무리된다는 독특한 사유도 제기한다.

스트라우스는 미국의 사상에 관한 논문은 단 한 편도 쓰지 않았으며, 다만 '우리 시대의 위기'에 관한 짧은 글을 몇 편 썼을 뿐이다. 미국식 삶에 대한 느낌이 별반 드러나지 않는 바이마르 문화비관주의Kulturpessimismus 풍의 그저 그런 습작들이었다.《자연권과 역사》출간 이후 그는 시카고에서 대체로 철학사에 등장하는 주요한 유럽 지성들을 다루는 과목들을 가르치며 시간을 보냈다. 그는 주로 그들의 정치적 저술에 초점을 두었다. 당시 그의 학생들은 그와 마찬가지로 옛날 책들을 공부하고, '고대인과 현대인의 논쟁'을 되살려내고, 철학적 삶에 대한 귀족주의적 이해 방식을 조금은 저속한 미국식 민주주의의 무대에 적용하는 과제에 주로 관심이 있었다. 학생들은 스트라우스를 모방하기 위해 최선을 다했다. 주된 차이는 때때로 그들의 글을 가득 채운 선교의 열망과 도덕 함양의 수사들이었다. 스트라우스의 초창기 학생들 중 소수는 현실 정치에 뛰어들었고(그중 한 명이 1964년에 공화당 대통령 후보였던 배리 골드워터Barry Goldwater의 연설문을 작성했다), 그가 현대의 진보 사상에 드리운 의구심과 공산주의를 향해 드러낸 적대감 때문에 보수주의자들이 그에게 매료되었던 것은 사실이다. 링컨에 대한 존경심을 공유했고 자유 민주주의를 지키기 위해 그것의 약점을 분명하게 이해하고 싶어 했던 냉전기의 자유주의자들도 그에게 매료되기는 마찬가지였다. 그 시기에 스트라우스 학파 사람들 대다수는 아마도 민주당원들이었을 터이고 시민권 운동도 지지했지만, 그래도 그들은 당파적이기보다는 학술적인 태도를 견지했다.

1968년 이후 모든 것이 바뀌었다. 대학들은 안으로 파열을 일으켰고, 스트라우스주의자들은 학생 폭동과 뒤이어 미국 사회에서 벌어진 모든 사태를 특히 엄중하게 받아들였다. 그들은 스트라우스에게서 진정한 교육이란 균등화된 민주 사회에서는 유지하기 어려운 부득이 엘리트적인 사업으로 간주해야 한다는 점을 배웠다. 그리고《자연권과 역사》덕분에 그들은 현대적 삶의 틈새에 도사린 채 장차 자유로이 풀려나 미국을 바이마르로 바꿀 수 있는 시절이 오기만을 기다리는 '허무주의'의 위협을 알아챌 준비도 되어 있었다. 이것이 앨런 블룸의 베스트셀러《미국 정신의 종말》(1987)을 떠받치는 전제였다. 이것은 어째서 미국 젊은이들을 꿰뚫어본 이 책의 진정한 통찰이 세계고世界苦, Weltschmertz(인간의 욕망·욕구를 충족하지 못하는 데서 오는 고통 혹은 세계적 비애ー옮긴이)와 파멸의 예언에 파묻혀버렸는지 설명하는 데에도 도움을 준다. 블룸이나 다른 여러 영향력 있는 스트라우스주의자들은 1960년대를 코넬 대학교에서 보냈는데, 그곳은 학생 폭력, 인종 공격, 대학 습격에 직면하여 드러난 자유주의의 비겁함을 특히 추악하게 경험했던 곳이다. 건물들이 강탈되었고, 교수들은 위협받았으며, 대학 총장이 피습되었다. 블룸에게는 바로 그 순간이 묵시록적 계시였던 것 같다. "이곳이 뉘른베르크가 되건 우드스톡이 되건 원리는 동일하다"라는 사실, "미국에서 계몽주의는 1960년대를 지나면서 마지막 숨을 거둘 때가 가까워졌다"라는 사실에 눈을 뜨게 된 것이다.

　1960년대 이후 우리는 스트라우스의 일부 사도들이 발전시킨 새롭고 더 정치적인 교리 문답서를 보기 시작했다. 아직도 스트라우스주의자들 중에는 당파성을 띠지 않고 오로지 옛날 책들을 가르치는 데에만 전념하는 사람들이 많다. 그러나 미국 대학과 사회에서 벌어진 변화에 정신적 외상을 입은 다른 많은 이들은 당시 뉴욕과 워싱턴에서 형성되고 있던 신新보수주의자들의 무리에 점점 끌리기 시작했다. 이들 정치적 스트라우스주의자들이 학생들에게 가르치기 시작한 교리 문답서는 어디에도 기록이 남겨져 있지 않다. 비밀스런 전승 수단을 통해 돌려 보는 은밀한 교리 같은 것이 따로 있어서가 아니다. 그 교리 문답서는 오늘날 그들이 스트라우스를 생각하는 방식에 깊이 스며들어 있으며 그렇기 때문에 당연히 그들이 자기 자신이나 자기 나라를 생각하는 방식에도 마찬가지로 깊게 스며들어 있다. 그러므로 그 안에 담긴 철학적·정치적 신조들을 군이 또박또박 진술해놓아야 할 필요가 없는 것이다.

그것은 자유주의적 현대 서구가 위기에 처해 있으며 역사적 상대주의가 선동한 안팎의 적들에 맞서 스스로를 지성적으로 방어할 수 없다는 가정에서 시작한다. 이 위기는 현대 사상이 어쩌다 그런 막다른 골목에 도달하게 되었는지 이해해야 할 의무를 우리에게 부여하고, 그럼으로써 우리는 고전 사상과 단절했던 시점으로 거슬러 올라가게 된다. 거기서 우리는 고전 철학의 분별 있는 태도를 발견한다. 고전 철학은 자연권이나 근본적인 정치적 문제들에 관하여 숙련자들은 직접적으로, 정치인들은 간접적으로 교육시켰다. 이제 이어서 이런 관행을 특히 미국에서 복원할 가치가 있다는 제안이 제기된다. 미국은 자연권이라는 발상에 의식적인 기반을 두고 세워진 나라이며, 그래서 여전히 그 발상을 진지하게 받아들이고 있다는 것이다. 그런 훈련은 미국의 정체政體를 떠받치는 일이 될 뿐만 아니라 어디에서든 자유민주주의를 방어하는 데 공헌할 것이다. 말로 떠들어대지 않는 결론은 바로 이것이다. '미국에게는 구원이라는 역사적 사명이 있다.' 이것은 정작 스트라우스는 그 어디에서도 명료하게 진술한 바 없는 생각이다.

2003년은 스트라우스가 세상을 떠난 지 30주년이 되는 해였다. 이 해에 그의 사상을 다룬 훌륭한 연구서들이 유럽에서 다수 출간되었다. 유럽에서 그의 명성은 사후에 계속 높아지고 있으며 그의 저술의 번역서가 계속 등장하고 있다. 한 독일 학자가 편집한 전집 출간 작업이 빠르게 진행되면서 스트라우스의 초창기 시온주의 가담과 유대주의를 바라보는 그의 다양한 시각, 그의 계몽주의 비판과 그가 다룬 더 일반적인 '신학-정치적 문제들'에 관한 사람들의 관심을 자극했다. 또한 이번 전집은 그를 바이마르의 독일계 유대 문화의 중심부에 더 가까이 위치시키고 그가 그의 세대의 위대한 지성들 중 한 사람임을 드러내는 데도 도움을 준다. 유럽의 독자들은 그의 미국인 사도들의 정치 가담에는 전혀 관심도 없고 아는 바도 적었다.

하지만 2003년에 미국에서 회자되고 토론되던 대상은 스트라우스가 아니었다. 그의 추모 기념행사는 우연찮게도 미국의 이라크 침공과 그 시기가 일치했고, 언론인들은 전쟁으로 몰아가는 분위기 속에서 눈에 띄는 전쟁 주창자들 여러 명이 스트라우스 학파에서 공부한 사람들이라는 사실에 주목하기 시작했다. 미국의 신新보수주의자들이 민주주의 확산이라는 미명하에 발전시킨 간섭주의 정책의 배후에 있는 우두머리 사상가가 스트라우스라는 이야기가 돌기 시작했다. 그의 글을 읽어본 적 없는 저술가들은 유죄를 입증할 증거를 찾아내기 위해 고대, 중세, 근대의 정치사상을 다룬 그의 두꺼운 주석서들을 훑어댔다. 아무것도 찾지 못한 몇몇 사람은 스트라우스는 자기 생각을 글로 써놓은 적이 없다고 떠들었다. 그의 은밀한 정치적 교리들이 열혈 지지자들에게 비밀스런 전승으로 전달되었고 뒤이어 그들이 미국 정부에 침투해서 일구이언의 작태를 보이고 있다는 주장이었다. 이념적 과격파들은 'cabal(도당)'이라는 단어를 심심치 않게 사용했는데, 이 단어에 반反유대주의가 함의되어 있다는 사실(이 단어는 원래 비밀 모임을 뜻하는 말이었으나, 중세 때 유대교 신비주의를 가리키는 카발라와 관련된 반유대주의 정서와 결합하여 부도덕한 모임이나 음모를 뜻하는 말로 변질되었다—옮긴이)을 몰랐던 무지의 소산이다. (희망컨대 단지 그 이유이기를 바란다.)

레오 스트라우스와 이라크 전쟁에 관한 의혹들은 번지수가 틀렸으며 전반적인 모양새는 꼴불견이었다. 그러나 스트라우스주의자들과 미국 우파의 관계는 꽤나 현실적이다. 스트라우스 신봉자들은 그의 글을 읽고 비록 철학자가 이상 국가의 실현을 위해 애쓸 필요는 없지만 자신이 속해 있음을 아는 국가를 위해 분명 책임을 다해야 한다고 배운다. 그런 다음, 그들은 스트라우스를 가르치는 선생들로부터 자국에서건 해외에서건 자유 민주주의가 직면한 위협들에 맞서 그것을 방어하는 문제의 중요성을 배운다. 그러고 난 후에 그들에게 미국의 건국, 정치적 수완이 거둔 영광들, 분별력의 부담, 시민적 덕성의 필요성 등을 연구하라며 신물이 날 정도로 많은 연구비가 제공된다. 또한 그들은 미국이 1960년대 이후로 허무주의를 향해 미끄러져왔으며, 아무리 저속하다 해도 어쨌든 우파 대중영합주의와 종교적 근본주의가 국가가 옳고 그름의 기본 감각을 회복하는 데 공헌한다는 점을 생각하라고 채근 받는다. 이것이 지난 50년의 세월 동안 시카고의 세미나실에서 출발해 미국의 정치판을 변모시킨 워싱턴의 우파 정치-언론 기반 복합체까지 이어진 경로다. 이는 아테네와는 멀리 떨어진 길이다.

미국 지성사의 이 짧은 한 시기에 드러난 아이러니는 너무 많아서 그 수를 셀 수 없을 지경이다. 진정한 교육의 엘리트적 본성을 확신하는 유럽 사상가가 대중영합주의 정치가들과 보조를 맞춰 공동의 대의를 제시하기까지 하는 제자들을 미국 말고 어디서 길러낼 수 있겠는가? 정치적 해악으로부터 철학적 탐구를 보호하는 일에 관심 있는 비밀스런 선생이 젊은이들을 덧없는 이념의 수호자로 훈련시키는 데 자신의 책들이 사용되는 광경을 미국 말고 어디서 발견할 수 있겠는가? 회의주의적 문제 제기라는 소크라테스적 실천이 국가적 이상에 대한 신념의 표명을 고취할 수 있는 곳이 미국 말고 어디에 있겠는가? 그래 맞다, 헨리 제임스 Henry James가 옳았다. 미국은 유럽이 남긴 모든 유산을 심하게 다룬다.

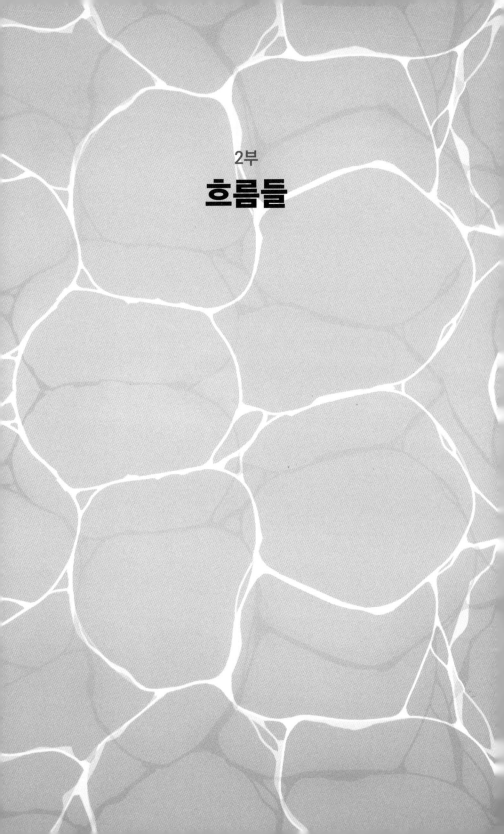

2부

흐름들

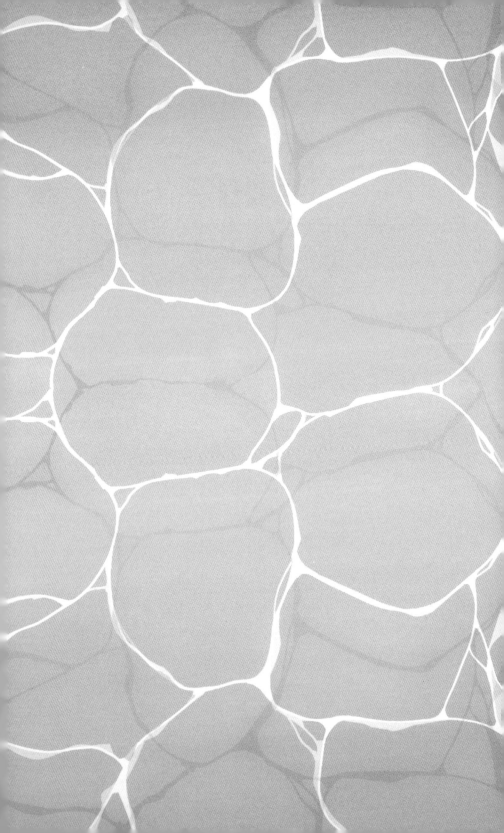

루터에서 월마트로

골동품 수집가의 영혼에서는
조상 전래의 가구를 소유한다는 것의 의미가 바뀐다.
왜냐하면 오히려 그 가구가 그의 영혼을 소유하기 때문이다.
─니체

대개 황금기에 사는 사람들은 어떻게 모든 것이
다 노랗게 보이는지 불평하며 돌아다니기 마련이다.
─랜들 자렐

역사를 서술하는 방법은 아주 많다. 가장 오래된 불후의 방법
은 연대기적 서술이다. 모든 연대기는 바이외 태피스트리Bayeux
Tapestry와 비슷해 보인다. 바이외 태피스트리는 11세기에 제작된
자수 두루마리로, 노르만 정복 때까지의 일련의 사건 흐름을 시
각화한 것이다. 두루마리가 펼쳐지면 우리는 배 위에서 싸우는
사람들을 볼 수 있고, 그다음에는 마상馬上에서 싸우는 사람들,
그다음에는 칼을 들고 싸우는 사람들을 볼 수 있다. 볼거리를 위
해 이따금 영주와 성城이 등장하기도 한다. 이 두루마리는 60여

미터나 계속 이어진다. 연대기는 온갖 이야기를 다 담으려 하기 때문에 굉장히 번잡한 문헌이다. 현실처럼 번잡하다. 연대기는 인간적 행위의 결과들은 행위자들이 때맞춰 내린 선택들에 의존한다는, 다시 말해 각각의 행위자들이 저마다 자신이 가고자 하는 방향대로 태피스트리를 짜고 있다는 인상을 남긴다.

히브리 성경은 이 전통에 속한다. 그 성약聖約의 연대기가 그렇게 극적인 까닭은 그것이 온갖 감정의 우여곡절 속에서 신과 인간적 자유의 예측 불가능한 조우를 추적하기 때문이다. 신이 아브라함을 선택했지만 아브라함도 신을 선택할까? 결국은 그리했다. 하지만 그다음에는 이삭이 그들의 성약을 계속 충실히 지킬지 말지 선택해야 했고 야곱과 에서Esau 역시 그랬다. 이런 과정은 계보를 따라 계속 이어져 내려갔다. 그렇게 윤곽이 드러난 그 이야기는 거역할 수 없는 섭리의 역사를 드러내서가 아니라 오히려 그러지 않아서 의미심장하다. 이 이야기는, 우리는 선택받기 위해 선택해야 한다고 가르친다.

인간은 그런 이야기들이나 거기에 나오는 신들에게 만족해야 하지만 그런 사람은 거의 없다. 연대기는 역사에 대한 책임을 우리의 아주 작은 어깨 위에 지워놓는다. 그런 부담을 우리는 기꺼이 회피하고 싶어 한다. 우리는 위안을 원한다. 그래서 태곳적 옛날부터 우리는 신화들을 지어내 세계가 현재의 모양새를 갖추게 된 근원적 과정들을 이해했노라고 스스로를 설득해왔다. 그런 신화들은 머나먼 과거의 어떤 역사적 빅뱅과 더불어 시작된 후, 비록 정확히 예측할 수는 없으나 어쨌든 유의미한 방향으로 그 생명력을 펼쳐 나간다. 초기 문명들이 스스로 위안을 삼고자 사용했던 가장 흔한 역사적 신화들이 숙명적인 쇠퇴의 이야기들이었다는 점은 흥미로운 심리학적 사실이다. 그런 이야기들은 어째서 지금의 삶이 그렇게 고단한지에 대한 현세적인 이유들을 제공한다. 우리는 황금시대 우리의 원천들에서 한참 멀리 내쫓긴 '철의 시대'에 살기 때문에 괴롭다. 만일 우리가 선량하다면, 아마도 언젠가는 신들이 미소를 머금고 내려다보며 우리가 잃어버린 그 세계로 우리를 되돌아가게 해줄 것이다.

기독교는 숙명적 쇠퇴라는 이 옛날이야기에 등을 돌렸다. 그러나 아우구스티누스에서부터 카를 바르트에 이르는 신학자들이 최선을 다해 노력했음에도 기독교는 결코 역사적인 신화 만들기에서 벗어날 수 없었다. 그 이유는, 헤겔이 아주 잘 공식화했듯이, 기독교의 계시란 역사적 시간의 흐름 속에 신이 유례없이 침입한 사건에 바탕을 두고 있기 때문이다. 이 침입은 신과 인간 사이의 기존 관계를 바꾸었지만 무효화하지는 않았다. 따라서 기독교는 이 사건이 만들어낸 역사적 시기들인 성육신成肉身 이전 시대, 현 세기들의 시대, 그리스도의 구원의 재림으로 시작될 시대를 연결해줄 이야기를 간구한다. 기원후 4세기 초 사람인 카이사레아의 에우세비오스는 이 문제를 진지하게 파고든 최초의 기독교 사상가인데, 그의 발전적 서사는 뒤이은 서구 역사관의 밑바탕을 상당 부분 형성했다. 그의 설명에 따르면, 신은 섭리의 한 손을 사용하여 아브라함에서 예수에 이르는 히브리의 역사를 인도함으로써 '복음을 준비'시켰다. 그리고 다른 한 손으로 신은 작은 공화정이었던 로마를 거대하고 강력한 제국으로 건설했다. 콘스탄티누스 대제의 기독교 개종과 함께 이 두 역사의 궤도가 만났으며, 이로써 신의 진리를 속세의 권력과 융합하고 지상에서 신의 왕국을 건설하는 새 시대가 시작되었다. 에우세비오스는 '우리가 잃어버린 세계World We Have Lost'라는 비관적인 이교異敎 신화에 맞서, 낙관적인 '이제 모두 안녕Goodbye to All That'을 제공했다.

당연히 에우세비오스주의는 신학적 올가미다. 나쁜 일들이 생기기 시작하는 순간부터, 그 신화와 거기에 매여 있는 희망들이 무너지기 시작하기 때문이다. 아우구스티누스는 410년 로마 약탈 사건 이후에 이를 직접 목격했다. 로마의 기독교인들 사이에서 즉시 절망감이 퍼져 나갔다. 그들은 자기들이 버린 고대 이교의 신들에게서 벌을 받은 것은 아닌지 궁금해하기 시작했다. 아우구스티누스는 그들에게 버팀목을 제공하기 위해 《신국神國》을 썼다. 지금까지도 여전히 이 책은 역사상 최고의 기독교 저술로 우뚝 서 있다. 아우구스티누스가 한 일은 그저 기독교의 유약한 부패 때문에 로마가 붕괴했다며 비난하는 적대적인 이교도들을 논박한 것만이 아니다. 그는 기독교식 사고의 방향을 역사의 흐름에서 벗어나 종말론적 결말을 지향하는 쪽으로 전환했다. 아우구스티누스는 신이 이교적인 로마를 번성케 해서 교회와 결합시킨 이유를 우리로서는 알 길이 없다고 독자들에게 말한다. 신이 로마가 무너지도록 내버려둔 이유도 역시 알지 못한다. 그것은 신의 소관이다. 우리가 할 일은 복음을 전파하고 옳게 처신하며 계속 독실하게 신을 섬기는 것이다. 나머지는 신의 두 손 안에 있다.

《신국》은 비록 등장하자마자 거의 즉시 가톨릭 신학의 주춧돌이 되었지만, 에우세비오스주의의 유혹은 여전히 상당했다. 심지어 아우구스티누스마저 그랬다. 아우구스티누스는 자신의 걸작을 저술하는 동안 제자인 오로시우스Orosius에게 《이교도에 맞선 역사Historiae Adversus Paganos》를 쓰라고 당부했다. 이 책은 기독교의 도래 이래 실제로 어떻게 삶이 발전적으로 개선되어왔는지를 입증한 것인데, 혹시 그런 논증이 필요한 경우를 대비한다는 측면도 있었다. 단지 거쳐 지나가는 순례자의 교회라는 아우구스티누스의 이미지와 승리의 교회라는 에우세비오스의 이미지가 빚어내는 이 긴장은 중세 가톨릭의 시대에서는 결코 해소되지 않았다. 그리고 그런 데에는 그럴 만한 이유가 있었다. 교황의 권위를 둘러싼 내부 갈등 및 동방 교회가 오스만 튀르크와 빚은 외부 갈등이 수세기 동안 이어졌음에도 불구하고, 로마 가톨릭교회는 아닌 게 아니라 정말로 승리를 거둔 듯이 보였기 때문이다.

프로테스탄트의 종교개혁이 이루어질 때까지 그랬다. 중세 기독교인들이 받은 종교개혁의 충격은 410년 이후 로마 기독교인들이 경험한 충격만큼이나 컸다. 단, 한 가지 중요한 차이가 있다.

루터와 칼뱅과 과격한 개혁가들의 맹공 이후의 로마 가톨릭교회는 결코 그들의 근대판 아우구스티누스를 보유하지 못했다는 것이다. 계몽주의 시대 이후에도 마찬가지였다. 혹은 미국과 프랑스의 혁명, 산업혁명, 19세기의 사회주의 혁명들, 다원주의의 확산, 유럽 학교들의 세속화, 참정권 확대, 공산주의와 파시즘의 발흥, 탈脫 식민지화, 산아 제한, 여성주의, 그 밖에 근현대기에 발생한 다른 모든 중대한 역사적 변화 이후에도 마찬가지다. 가톨릭교회는 이런 도전들에 맞서 대부분 전통적인 방식으로 대응했다. 먼저 혁신자들을 비난하고, 그런 다음 일부 차이들은 묵인하고, 그리고 마지막에 가서는 그런 혁신들이 원래부터 가톨릭 교리와 잘 맞는 것이었다고 선언하는 식이다. 그러나 가톨릭교회는 느리고 근대 이후의 역사는 빠르게 이동한다. 그것이 바로 프로테스탄트 종교개혁 이후 다섯 세기가 지나도록 가톨릭교회가 자체의 역사적 평형추를 발견하지 못한 이유다. 가톨릭교회는 역사와 관련하여 폭넓게 수용된 이렇다 할 신학이 없다. 단지 이 교황, 저 교황의 변덕스런 기분을 반영하는 일련의 교황 회칙들만이 있을 뿐이다. 근대 역사를 **숙고**하는 일은 대체로 속세의 지식인들에게 남겨진 일거리였다.

속세의 가톨릭 사료 편찬 황금기는 19세기다. 당시 보날드 Bonald, 청년 라므네the young Lamennais, 드 메스트르, 도노소 코르테스Donoso Cortés 같은 반혁명적 사상가들은 이제껏 반동적 정치운동의 자양분이 되어온 '우리가 잃어버린 세계'의 서사를 세련

되게 다듬었다. 그러나 20세기에 속세의 작가들과 성직자 작가들은 가톨릭 신도들 사이에서 호소력을 잃지 않은 더 친절하고 더 품위 있게 변형된 서사를 발전시켰다. 이제 그것을 '가보지 않은 길the Road Not Taken'이라고 부르자.

이런 종류의 이야기를 펼치는 사람들은 서구가 중세 혹은 근대 초기 역사의 어느 시점에 잘못된 중대한 방향 전환을 했다고 말한다. 수반될 온갖 문제를 짊어지고 근대성으로 가는 길에 스스로 합류했다는 말이다. 그러나 이것이 어느 한 사람이나 어떤 단일한 사건이 책임져야 할 일은 아니다. 허물은 철학자들과 신학자들, 가톨릭교회의 성직자단이 나누어 가져야 한다. 이것은 비극적인 상황 전개였다. 모두가 조금 더 참아내기만 했었더라도 아마 가톨릭교회는 계속 발전해서 좋은 방향으로 나아갔을 것이다. 아마도 중세는 결국 이지러졌을 것이고 새로운 사회가 펼쳐졌겠지만 근대 역사의 진척은 덜 극단적으로 흘러갔을 것이고 최악은 피했을 것이다. 변화는 더 점진적으로 이루어졌을 것이고 가톨릭교회를 향한 과격한 공격은 불필요했을 것이다. 그러면 가톨릭교회 역시 프랑스 혁명 때부터 2차 바티칸 공의회 때까지 유지했던 반동적인 움츠림에 빠져들지는 않았을 것이다. 도덕적 토론의 대상이 유연한 가톨릭 정통성의 범위 내로 한정되었을 것이고, 더불어 세속적인 독단주의와 회의주의로부터 중요한 인간적 가치들이 보존되었을 것이다. 우리는 산업 시대의 야만성, 현대 과학이 낳은 괴물들, 우리 시대의 공허한 개인주의를 모면할 수 있었을 것이다. 대체로 우리는 더 행복하고 더 보람 있고 인도적인 삶을 살았을 것이다.

이런 장르로 일부 자극적인 가톨릭 저술이 집필되었다. 그중 최고는 프랑스의 위대한 중세주의자 에티엔 질송Étienne Gilson의 《중세의 이성과 계시Reason and Revelation in the Middle Ages》이다. 질송이 1937년에 버지니아 대학교에서 맡았던 일련의 강좌들에 기초한 이 책은 테르툴리아누스 같은 교부들에게서 발견되는 반지성주의적 기원들에서부터 후기 스콜라주의의 과도한 합리주의에 이르는 가톨릭 신학의 역사를 추적한다. 질송은 이 두 입장 모두를 거부했다. 그는 아퀴나스, 오직 아퀴나스만이 신학과 철학의 진리들을 정당하게 평가하면서도 이성과 계시를 용케 화해시켰다고 보는 고전적인 토마스주의자의 입장을 채택했다. 그러나 웅장한 토마스주의자의 종합이 그것의 개선을 희망하는 오컴주의자들, 스코투스학파 사람들, 여타 학파 사람들에게 흔들리자 반동이 개시되었고, 그리하여 마르틴 루터의 노골적인 '오직 성경으로sola scriptura'와 데카르트의 차가운 과학적 합리주의로 나아가는 길이 마련되었다. 그것은 둘 다 서구의 정신에는 재앙이 되었다. 하지만 '가보지 않은 길' 위에서 우리에게 손짓하는 《신학대전Summa Theologiae》은 여전히 건재하다.

이런 양식의 다른 저술들은 더 정치적이다. 2차 세계대전이 진행되는 동안 유럽의 예수회 신부들이 두 권의 위력적인 지성사를 펴냈는데, 한 권은 스위스에서, 다른 한 권은 점령된 프랑스에서 출간되었다. 대단한 영향력을 지닌 한스 우르스 폰 발타자르Hans Urs von Balthasar의 기념비적 저서《독일 영혼의 묵시록Apokalypse der deutschen Seele》은 관념론자들과 낭만주의자들에서 하이데거와 카를 바르트에 이르기까지 근대 독일 사상에 나타나는 프로메테우스적인 경향성을 추적했다. 앙리 드 뤼바크Henri de Lubac의《무신론적 휴머니즘의 드라마Le Drame de l'humanisme athée》는 콩트, 마르크스, 니체 같은 19세기 사상가들을 인간의 냉혹한 비인간화로 이어진 현대인의 자기신성화를 예언한 선지자들로 묘사했다. 물론 우르스 폰 발타자르와 뤼바크는 단순한 쇠퇴론자가 아니었고, 가상의 잃어버린 세계를 낭만적으로 묘사하지도 않았다. 그들은 세계 전쟁의 파국 이후 소생하기를 희망한 버려진 지적 전통에 다시 관심을 불러 모으기 위해 나름의 이야기를 내놓은 사람들이다.

오늘날 대다수 사람들은 우리가 그런 파국적인 시대에 살고 있다고 믿지 않는다. 그러나 지난 30년이 넘는 세월 동안 그 '가보지 않은 길' 장르는 영국의 포스트모던적인 급진 정통주의 운동 참여자들에서부터 미국의 신정보수주의자들에 이르기까지 반反현대적인 신세대 좌·우파 가톨릭교도들(그리고 일부 성공회교도들) 사이에서 다시 유행하고 있다. 그리고 그들 모두는 우리 시대에 가장 영향력 있는 책 중 하나로 판명이 난 저서로부터 나름의 실마리를 얻었다. 그 책은 바로 1981년에 출간된 알래스데어 매킨타이어Alasdair MacIntyre의《덕의 상실After Virtue》이다. 가톨릭으

로 개종한 전직 마르크스주의자 매킨타이어는 지성사와 철학적
논증 간의 경계를 넘나들며 우리의 암울한 세계가 어떻게 탄생했
는지에 관해 맞춤형 이야기를 설득력 있게 전개했다. 옛날 옛적
에는 도덕적 성찰에 관한 아리스토텔레스식 전통이 고대에서 가
톨릭 중세를 지날 때까지 계속 이어져오면서 유럽인들에게 개인
적 삶과 집단의 삶 속의 덕성을 이해하고 실천할 수 있는 정합성
있는 서사를 제공했다. 그 전통을 파괴한 것이 바로 오랜 세월 동
안의 노고를 무효로 만든 '계몽주의 프로젝트'다. 단지 가톨릭교
회의 노고만이 아니라, 살아 있는 실천적 전통 안에 도덕성을 뿌
리내리는 일을 맡아온 모든 건강한 사회의 노고까지도 무효가 되
었다. 계몽주의는 이 전통을 파괴함으로써 부지불식간에 탐욕스
러운 자본주의, 니체주의, 상대주의적이고 자유주의적인 정서주
의로 들어설 수 있는 길을 놓아주었다. 오늘날 우리는 '도덕적 의
견 일치의 희망을 품을 수 없는' 사회에서 이런 이념들과 함께 살
아간다. 매킨타이어는 중세로 되돌아가자는 명시적 희망이나 욕
구를 표현하지 않았다. 그 대신에, 그의 책은 정합성 있는 도덕적
삶을 다시 한 번 부양해줄 수 있는 오래된 사유 양식들에 기초한
새로운 도덕 공동체의 출현을 고대하는 예지적 요청으로 끝을 맺
는다. 마지막 문장은 이렇게 쓰여 있다. "우리는 고도Godot를 기
다리고 있지 않다. 그 대신 또 한 명의, 확실히 매우 다른, 성聖 베
네딕트를 기다린다."

《덕의 상실》은 학술적인 역사서가 아니며 그런 척하지도 않는다. 이 책은 일종의 기도문으로 끝맺은 강력한 자기주장의 저술이다. 같은 평가가 역사학자 브래드 그레고리Brad Gregory의 《의도하지 않은 개혁The Unintended Reformation》에도 적용된다. 이 책은 매킨타이어라는 본보기로부터 영감을 얻은 방대하고 대단히 논쟁적인 저술이다.[8] 일견하기에 이 책은 철학, 정치학, 교육, 경제, 시민 사회 등의 영역에서 종교개혁 이후에 이룩한 발전을 다룬 거창한 단원들을 담고 있으면서 150쪽에 이르는 풍부한 주석으로 본문을 보완한 그저 통상적인 역사서로 보인다. 그러나 책을 더 깊게 파고들수록 바티칸의 어떤 동굴 벽에서 상연 중인 그림자-꼭두각시를 보고 있다는 느낌이 더 많이 들기 시작한다. 이 책이 명시적으로 가톨릭의 견지에서 종교개혁 이후의 서구에 관해 쓴 간명한 역사서였다면, 그 기간과 우리 자신을 이해하는 데 고맙게도 보탬이 되었을 것이다. 그러는 대신 그레고리는 좌파건 우파건 현재의 자유주의 사회를 비판하는 사람들이 열렬히 받아들인 '가보지 않은 길'을 헤쳐 나가는 데 도움이 될 음흉한 비밀-가톨릭 여행 안내서를 제공했다. 신학-정치적 신화 만들기의 열망은 어쨌든 세속화된 우리 시대의 맹위 속에서도 꿋꿋이 살아남았다.

8 《의도하지 않은 개혁: 어떻게 종교 혁명이 사회를 세속화했나(The Unintended Reformation: How a Religious Revolution Secularized Society)》(Harvard University Press, 2012).

그는 우리에게 이 책의 목표가 "오늘날 유럽과 북아메리카가 어떻게 지금의 모습을 하게 되었는지" 설명하는 것이라고 말한다. (책의 두 번째 페이지 이후로는 현재의 유럽이 거의 언급되지 않는데, 이로써 이 책을 또 하나의 미국 중심적 '서구' 역사로 만든다.) 그러면 우리는 지금 어떻게 살고 있는가? 썩 잘하고 있지는 않다. 그레고리는 우리의 정치 생활이 양극화되고 있는 것, '월마트 자본주의와 소비주의'가 이상화되고 있는 것, 환경의 질적 저하가 놀라울 정도로 가속화되고 있는 것, 공적 담론이 이념적 올바름과 문화적 상대주의에 좌우되고 있는 것을 우려한다. 그레고리가 보기에 이런 거대하고 다양한 문제들은 단일한 하나의 원천에서 비롯되었다. 바로 현대 사회 곳곳에서 나타나는 '초超다원주의'다. 이 책에서는 이 용어가 마치 메트로놈처럼 기계적으로 규칙성을 띠며 등장하는데, '결코 끝나지 않는' '혼란스러운' '의도하지 않은' '환영받지 못하는' '썩어가는' '헤게모니의' 등 빗발치듯 쏟아지는 형용사가 이 용어를 수식한다. 그레고리는 어느 시점에 이렇게 선언한다. "모든 서구인은 '뭐든지의 왕국'에서 산다."

안 그럴 때가 예외다. 왜냐하면 이제는 이 초다원주의가 너무도 깊게 우리의 제도, 특히 대학에 뿌리내리고 있어서 거기에 의문을 제기하는 사람은 지성계에서 제명되기 때문이다. 한편으로, "진리 주장과 종교 관행에 관한 한 법의 테두리 내에서 문자 그대로 무슨 일이든 다 허용된다." 다른 한편으로 "수십억 명이 받아들이는 종교적인 진리 주장들은 거의 모든 연구 중심 대학교에서 각자 편의대로 고려 대상에서 배제된다." 이런 곳에서는 "'삶에 관한 의문들'에 대한 실질적인 종교적 답변들을 일절 거부하는 사람들이 …… 통계적으로 과도한 비중을 차지한다." 그가 걱정하는 것은 사회적 합의가 존재하지 않는다는 것이 아니라, 우리의 합의가 도덕적 다원주의를 지지한다는 것이다. "사람들이 공유하는 실질적인 공동선 같은 것도 없고 그런 것을 고안해낼 현실적인 전망도 전혀 없다. (적어도 가까이 내다보이는 미래에는 없다.)" 가톨릭 이념을 내세우는 대학들로부터 도움을 기대할 수도 없다. 현대성을 허겁지겁 받아들이느라 바쁜 이들의 학교들은 "파괴적인 가정을 잔뜩 담은 지성의 트로이 목마를 부지불식간에 받아들인 상태다."

　그레고리는 일이 어쩌다가 이런 잘못된 지경에 이르게 되었는지에 관해 두 가지 별도의 이야기를 제시한다. 그러면서 혹시 한 가지 이야기로 독자를 설득하지 못하면 나머지 이야기가 그렇게 해주리라 희망한다. 첫째 이야기는 역사에서 이루어진 종교개혁에 관해 말한다. 하지만 그는 종교개혁 이전의 중세 가톨릭 시대에 관한 간략한 역사조차도 제공하지 않는다. 내세우는 것은 오로지 '우리가 잃어버린 세계'에 대한 단 하나의 고정된 장밋빛 이미지뿐이다. (그는 '가톨릭'이라는 용어도 피하고, 그 대신 더 포괄적으로 들리는 '중세 기독교'라는 단어를 선호한다.) 그 세계는 비록 완전히 행복한 세계는 아니었어도 적어도 비교적 조화로운 세계였다. 하지만 누구나 떠오르는 생각이 있을 것이다. 맞다, 권위에 대한 신학적 의견의 불일치와 충돌이 있었고, 그로 인해 교황이 수도회, 교구 평의회, 황제, 군주에게 맞서 싸우는 일이 벌어졌다. 맞다, 교회는 서방 교회와 동방 교회로 쪼개졌고 한때는 교황들이 서로 경쟁하던 때도 있었다. 그리고 맞다, 잘못들이 저질러졌다. 이단자들이 난폭하게 다뤄졌고, 무의미한 십자군 운동을 출범시켰으며, 유대인과 무슬림이 추방되거나 그보다 더 나쁜 결과를 맞았다. 그럼에도 불구하고 이 모든 일을 겪는 내내 인간적 선_善에 관하여 제도적으로 통일된 견해가 가톨릭의 이른바 '양극의 조화complexio oppositorum', 즉 일견 모순적이고 서로 충돌하는 것처럼 보이는 것들이 서로 어울려 균형을 이룬다는 생각을 단단히 유지해주었다. "천 년이 넘는 세월이 흐르는 동안 교회는 역사 속에서 신이 행한 일들, 즉 나사렛 예수의 성육신, 삶, 가르침, 죽음, 부활에 초점을 둔 진리 주장들을 기초로 형성된 포괄적인 성례적_{聖禮的} 세계관을 라틴 유럽 전역에 비체계적으로 꾸준히 제도화한 상태였다." 그리고 이 상태가 "신앙, 희망, 사랑, 겸손, 인내, 자기희생, 용서, 연민, 봉사, 자비 등, 한마디로 기독교 정신을 공유하는 사회생활"로 둔갑한다. 그는 이 진술에 대해 어떤 증거도 제시하지 않는다. 어떤 증거도 도저히 존재할 수 없으리라는 간편한 이유에서다.

그다음은 파국이었다. 초기 종교개혁자들이 불만을 갖는 상황을 초래하고 스스로를 단속하지 않은 과실은 분명 가톨릭교회에 있었다. 루터와 칼뱅이 퍼부은 비난은 참작할 만한 내용이었고,

원래 그들의 비난은 가톨릭교회가 제정신을 차리게 하려는 의도를 지닌 보수적 반란이었다. 그러나 그 뒤 도취된 반란의 정신이 급진적 종교개혁을 추구하는 정신적 자코뱅파에게로 확산되면서 사태는 걷잡을 수 없게 되고 말았다. 그 과격파가 바로 지금의 우리를 낳은 진짜 시조들이다. 그들은 우리에게 정합성 있는 도덕적·신학적 교리들이 아니라 우리 시대를 특징짓는 부식성 높은 다원주의를 물려주었다. 급진주의자들은 일반 신자들이 믿던 성사聖事나 성물聖物의 필요성을 거부하고, 이해할 소양도 되어 있지 않은 그들의 손에 성경을 쥐어주었다. '오직 성경으로'라는 신념에다 모든 사람이 성령으로 충만해질 수 있다는 생각까지 보태지면서, 이에 고무된 급진 개혁가들은 모두가 스스로 성聖 바울이 되었고 그다음에는 주위 사람들에게 그물을 내려놓고 자기를 따르라고 요구했다. 반대 의견이 분출하여 급기야 전쟁으로 이어졌고, 그것이 특정 종교를 공인하는 신앙 고백 국가들의 등장과 더불어 더 많은 전쟁으로 이어졌다. 이런 갈등을 극복하기 위해 근대 자유주의가 태어났고, 실제로 그 일을 해냈지만 그 대가는 컸다. 관용을 최고의 도덕적 가치로 제도화하라는 요구가 제기된 것이다. 19세기 가톨릭교회는 이 총체적인 사태의 감당을 거부하고 자기 담장 안으로 물러나버렸다. 그런 상태에서 지적 삶은 쇠퇴하고 교리는 딱딱하게 굳어버렸다. 그것이 결국 남은 우리를 오늘날의 혼란스럽고, 만족을 주지 못하고, 지나치게 다원적이고, 소비자 중심적이고, 독단적인 상대주의의 세계 속으로 더욱 더 깊이 가라앉도록 방치하고 말았다.

자, 이것이 바로 우리가 루터에서 출발해 월마트에 이르게 된 사연이다.

만약 이 이야기에 설득되지 않는다면, 물론 그레고리는 들려줄 이야기가 한 편 더 있다. 이번 이야기는 종교개혁과는 거의 관계가 없다. 그 대신 그가 생각하는 우리의 현재 사고방식을 마련해 준 중세 신학과 근대 초기 철학의 변천들에 초점을 맞춘다. 이제 문제의 중심에는 긍정 신학과 부정 신학 간의 오랜 다툼이 놓여 있다. 아주 개략적으로 말하자면, 이 다툼은 우리가 과연 신의 속성들을 의미 있게 언급할 수 있는지, 혹은 신이란 그에 대해 어떤 말도 할 수 없는 그런 존재일 뿐인지에 관한 것이다. 그레고리는 이 문제를 어떻게 생각하느냐가 다른 거의 모든 것에 관한 사고방식에 영향을 미칠 수 있다고 믿는다. 그러나 설령 그의 관점을 공유한다 하더라도(나는 그렇다), 이런 종류의 신학적 논쟁이 인간의 조건을 바라보는 기독교 사회 내 모든 계층의 사고방식을 정말로 **바꿔놓았다는** 주장이 따라 나오지는 않는다. 이런 미끄러짐이야말로 신화화된 역사의 전형적 예일 뿐이다.

그레고리는 종교개혁 이전에는 기독교적인 삶과 사상이 천상의 조화를 반영했다는 관점을 받아들인다. 이 관점에 의거하여, 그는 둔스 스코투스Duns Scotus와 윌리엄 오컴William of Ockham의 중세 후기 저술들이 등장하기 이전에는 "전통적인 기독교 형이상학"이라 불리는 무언가가 주도권을 잡고서 다소 부정 신학적인 방향으로 경도되어 있었다고 주장하기에('입증하기에'라는 말은 아마도 너무 강한 표현일 것이다) 이른다. 그는 이렇게 쓴다. "전통적인 기독교의 가르침"에 따르면, "신은 말 그대로 상상 불가능하고 이해 불가능하다." 신이 존재한다거나, 섭리를 행한다거나, 기적을 이룬다거나, 인간으로 몸으로 나타났다거나, 이해될 수 있다거나, 성만찬聖晩餐에 함께한다고 말하는 것이 정확히 어떤 의미인지를 놓고 수세기에 걸쳐 의견 불일치가 있었던 마당에 여기서 그가 '전통적'이라는 말로 무엇을 의미한 것인지는 알기 어렵다. (토마스 아퀴나스가《신학대전》을 써서 혼돈으로부터 질서를 세워야겠다고 느낀 이유도 중세 기독교 사상이 너무도 다원적이었기 때문이다.) 또한 그런 형이상학이 대중적 차원에서 어떤 모습으로 발현되었는지도 알기 어렵다. 대중적 차원에서 보통의 성직자들과 평범한 신자들은 신을 길게 수염을 기른 존재라고 생각하며, 기적을 신의 솜씨가 직접 발휘된 작품이라 여기며, 성인聖人들과 그들의 신성한 성골聖骨을 숭배하며, 마법을 실행하고, 이로 씹다가 그리스도의 육신에 상처라도 날까봐 성체를 한입에 꿀꺽 삼킨 사람들이었다.

현대의 토마스주의자들은 스코투스, 그다음에는 오컴이《신학대전》을 배반함으로써 의도치 않게 오늘날의 철학과 과학으로 가는 길을 포장해주었다고 오래전부터 주장했다. 그 (단순화된) 논증은 이렇다. 토마스는 신과 피조물 간에는 오로지 유비만이 성립할 수 있다고 말한 반면, 스코투스는 신이건 신의 피조물이건 똑같이 단일한 하나의 존재 개념이 적용된다고 주장함으로써 신의 초월성을 깎아내렸다. 신과 피조물이, 이를테면 동일한 산에 거주한다고 생각하게 되자 이제는 저 멀리 아래에 있는 것들을 설명하기 위해 신이 산등성이 위로 어느 정도까지 올라가야 하느냐 하는 문제가 생겨났다. 현대 과학의 대답은 아마도 이럴 것이다. '아주 높이까지 안 올라가도 돼.' 신은 실용적인 목적에서 그냥 없어도 그만인 가설일 뿐이다. 질송 같은 토마스주의자들이 볼 때, 현대 과학이 신학과 결별하고 이어서 도덕과도 결별하게 된 것은 숭고한《신학대전》을 버린 이들 두 사람의 미묘한 신학적 배반에 의해 결정된 운명이었다.

물론 그레고리는 토마스주의를 옹호하는 일에는 관심이 없다. 그가 불신하는 듯 보이는 신학을 옹호하는 일에도 마찬가지다. 아마도 그는, 신학에게 증명해주기를 바라는 것들은 애초에 증명할 길이 없는 것들이라고 믿는 듯하다. 미국의 많은 신정보수주의자들처럼 그 역시 대중영합주의적 전환을 시도한다. 그는 "종교는 지식의 잠재적 원천이 아니고 그렇게 여겨질 수도 없으며" 단지 "주관적 견해와 개인적 선호의 문제"라고 말하는 데 분노할 뿐만 아니라, "지식은 증거에 기반을 두어야 하고 납득되는 것"이어야 하며 "어떤 것이 되었든 알려지거나 알려질 수 있는 것이라면 그 내용은 누가 발견하느냐에 따라 그때그때 달라져서는 안 된다는 의미에서 보편적이고 객관적이어야 한다"라는 당대의 세속적 가정에도 분노한다. 그는 '성사聖事를 중시하는 실재관'에 부합하는 이른바 '구원적 참여'의 방식이나 '체험적' 방식 같은 다른 앎의 '방식들'을 옹호하고 싶어 한다.

이쯤에서 책에는 마치 최면에 걸린 것 같은 몽롱함이 드리워진다. 그레고리는 신학적 타락 이전의 중세 기독교계가 혼합 신학, 자연과학, 그리고 "특히 예수가 보여준 신의 활동에 궁극적인 근거를 둔 신앙과 그런 신앙을 공유하는 삶의 양식에 대해 개개인에게 차별화되어 있는 참여적 지식"이라는 상이한 '종류'의 지식들을 매끈하게 조화시켰다고 우리가 믿기를 원한다. 그러면 그런 참여적 지식의 본성과 내용은 정확히 무엇인가? 그레고리는 결코 설명하지 않는다. 아마도 그런 지식의 본성상 말로는 소통할 수 없을 것이다. 예전에 기독교적 삶에 관해 가장 많이 듣던 말은 이것이다. "더 나은 삶을 살수록(더 신성한 삶이 그런 삶이었다) [신의] 진리, 단순한 '지식scientia'을 넘어서는 '지혜sapientia'가 더 분명해졌다. 박식이나 똑똑함과는 완전히 별개인 성인聖人들의 신성한 삶의 지혜는 이런 종류의 지식을 가장 분명하게 구현한 것이었다." 만약 이런 주장이 불명료하다면, 다음 주장은 그렇지 않을 것이다. 중세 기독교 정신에서 "어떤 다른 목적을 위해서나, 혹은 지식의 획득 그 자체를 목적으로 지식을 추구하는 일은 아무런 소용도 없다는 의미에서 말 그대로 헛된 짓이었다."

열한 시 소등과 더불어 이해를 추구하는 신앙, 이것이 그레고리의 역사적이면서도 명백히 미래적인 이상理想이다. 이런 신앙에 무슨 일이 일어났던 걸까? 밤늦게까지 변증론 게임을 수행하면서 다른 사람들의 삶 속 신앙은 아랑곳하지 않은 후기 스콜라주의가 허물을 일부 공유한다. 그러자 당연히 종교개혁이 성경을 "'평범한 사람들'이 마음대로 주무를 수 있게" 해버렸다. 그 후로 국가와 대학은 신앙 고백에 따라 분열되었고, 지식은 국가 권력의 도구가 되었으며, 경전에 가해진 비판의 수위는 더 높아졌고, 여러 학문 분야는 서로 결별했다. 유럽에서 빌헬름 폰 훔볼트가 세운 근대적인 연구 중심 대학교는 종교 문제나 종교와의 제휴에 거리를 두었고, 미국에서는 자유주의적인 겁쟁이 프로테스탄트들이 지배하는 종교적인 대학들이 결국 이 독일산 바이러스에 굴복하면서 구심점 없는 거대 종합대학교를 탄생시켰다. 그리고 바로 그런 대학들이 오늘날의 반反합리적인, '무엇이든 상관없다'는 식의 포스트모더니즘을 산란한 것이다.

자, 이것이 바로 우리가 스콜라주의에서 출발해 구조주의에 도달하게 된 사연이다.

그레고리가 말한 것은 한 편의, 아니 두 편의 인상적인 이야기다. 이제 세 번째 이야기를 고려해보자.

옛날 옛적에 남자들이 영웅이고 주피터가 존경받던 시절, 변방의 한 선지자가 자신이 신의 아들이라고 선언하면서 로마령에 거주하는 반식민주의 열심당원들, 신비주의를 지향하는 동굴 거주자들, 원한에 찬 노예들, 가정주부들 사이에서 추종 세력을 확대했다. 그들의 율법 폐기 운동은 유동적이고 복잡한 이교도 세계에 혼돈을 불러왔고 그 세계에 자리 잡고 있던 삶에 대한 도덕적 이해를 뒤집어엎었다. 경쟁 상대인 유대-기독교 및 상이한 경전들로 무장한 그노시스적 종파들 사이에서 지배권 다툼이 뒤따랐다. 곧 이 말싸움 전쟁에 단일신론자들, 몬타누스주의자들, 아리아인들, 네스토리아인들, 펠라기우스주의자들, 그리고 곧 이단으로 선포될 셀 수 없이 많은 다른 분파가 뛰어들었다. 그들이 정신이 육신으로 구현될 수 있느냐와 같은 부조리한 문제를 두고 논쟁을 벌일 때, 오래된 신들을 추종하는 무리들은 고개를 절레절레 저으면서 자신들의 고결한 '로마 정신'의 타락상을 언급하고 이 모든 일이 다 서로 삿대질이나 하는 그 신흥 세력들 탓이라고 비난했다.

물론 몇 세기가 지난 후 사태는 진정되었다. 율법 폐기를 주장하던 자들은 정합성 있는 도덕 질서, 새로운 줄기의 학문들, 거기에 비범한 예술적 성취까지 갖춘 새로운 문명에 은총을 내리는 느슨한 신학-정치적 정통성 앞에 무릎을 꿇었다. 그것은 천 년 동안 지속되었다. 그러나 이제 성서에 고무된 두 번째 운동이 등장하여 수세기에 걸친 노력을 원 상태로 되돌려놓았다. 이 운동 또한 불우한 사람들에게 호소력이 있었다. 어리석은 문제들 때문에 갈라진 급진적 종파들 사이에서는 또다시 지배권 다툼이 나타났다. 모든 응집력은 사라져버렸다. 그리고 또다시 다섯 세기가 지난 후 사태가 진정되었고 오늘날에는 우리가 이른바 개인주의라 부를 수 있는 새로운 도덕-정치적 정통성이 존재한다. 비록 신학적으로 치장은 덜 되어 있지만, 그것 역시 실제로는 예수에게 빚진 바가 크다. 예수는 '아방 라 레트르avant la lettre(작가의 서명이 아직 들어가지 않은 시험 인쇄물을 가리키는 말이지만 비유적으로 미완성 상태를 의미한다—옮긴이)' 자유주의자였다. 그는 개인의 영혼과 그것의 내적 경험이 전통적인 공동체적 결속과 부당한 종교적 권위의 지배에 맞서 최종적으로 승리를 거둘 것이라고 예언했다. 새로운 정통성은 인간의 조건과(우리는 홀로 태어나고 죽는 육신들이다) 저 너머에 무엇이 있는지와(아무것도 없다) 우리가 행복하기 위해 무엇이 필요한지를(시간을 잡아라) 이해하는 빈틈없이 정합적인 세계관을 이끌어냈다. 또한 이 정통성은 평화를 고수한다. 이는 사소한 문제가 아닌데, 왜냐하면 전쟁은 비즈니스에 나쁘기 때문이다. 새로운 교리문답서가 모든 이의 마음을 움직이지는 않았고, 특정 지역들은 강하게 저항하기도 하고 때로는 무장까지 한다. 그러나 이런 시대역행자들이 전향하지 않는다고 해도, 결국 그들의 자녀들이나 손주들은 전향할 것이다. 그리고 세계는 하나가 될 것이다.

이것은 설득력 있는 이야기이자, 배교자 율리아누스, 에우세비오스, 오토 폰 프라이징Otto von Freising, 베이컨, 콩도르세, 헤겔, 포이어바흐, 그리고 오늘날 실리콘 밸리의 미래주의자들에게서 나온 단편적인 소재들을 조각조각 이어 붙인 오래된 이야기다. 물론 이것은 신화에 불과하다. 거짓말까지는 아니지만 단지 과거의 사건들과 관념들 그리고 현재의 희망과 공포를 가상으로 조합한 결과물일 뿐이다. 브래드 그레고리의《의도하지 않은 개혁》이 그런 것처럼.

　사람들은 어째서 여전히 그런 신화들이 필요하다고 느낄까? 사람들이 항상 갖고 있는 바로 그 똑같은 이유 때문이다. 우리는 현재가 아무리 냉혹하더라도 그것을 이해하고 있다는 생각으로부터 위안을 얻고 싶어 하는 반면, 동시에 미래에 대해 져야 할 온전한 책임은 회피한다. 서구의 신화화된 역사들을 그것들이 쓰인 시대들 및 다른 시대에 그것들이 성취한 사회·심리학적 과업과의 관계 속에서 다룬 책이 한 권 있다고 하자. 그런 책이라면 과거에 관한 고색창연한 신학적 서사들이 19세기 초부터 시작해 어떻게 현대화되었고, 그리하여 어떻게 현재를 차지하기 위한 지적 대리 전쟁 속 논쟁으로 대체되었는지 그 사연을 추적할 것이다. 그레고리는 분명히 우리가 지금 살고 있는 방식에 만족하지 않으며 우리가 처한 상황이 더 나빠지기만 할 것이라는 생각에 절망한다. 이는 불합리한 우려가 아니다. 그러나 마치 여러 문명이 단일한 하나의 '프로젝트'가 규정해놓은 불연속적인 시기들을 거치는 것처럼, "중세 기독교가 실패했고, 종교개혁이 실패했고, 신앙 고백적인 유럽이 실패했고, 그리고 서구 현대성이 실패하는 중"이라고 상상하는 것이 대체 무슨 도움이 될까? 삶은 그런 식으로 작동하지 않는다. 그리고 역사도 그런 식으로 작동하지 않는다. 종교개혁 직전의 수십여 년 동안 서구 문명이 절정에 도달했다고 상상하는 것도 역시 도움이 되지 않는다. 이슬람 문명이 초기 칼리프 정권 때나 중세 스페인에서 절정에 도달했다고 상상하는 일이 무슬림에게 도움이 되지 않는 것과 마찬가지다. 이런 신화들은 '가보지 않은 길'로 다시 돌아가는 데에 정치 활동이 도움을 줄 수 있다는 식의 더 음험한 몽상에 자양분을 제공하는 일 밖에는 하지 못한다. 성 아우구스티누스의 교훈은 1500년이 지난 지금도 여전히 그때 못지않게 시의적절하다. 우리는 우리가 가는 대로 우리의 길을 포장해야 할 운명이다. 그리고 나머지는 신의 소관이다.

마오쩌둥에서 성 바울로

> 오늘날의 사유가 직면한 무시할 수 없는 과제는
> 서구 문화에 저항하는 모든 반동적 논증들을 진보적 계몽에
> 기여할 수 있도록 처리하는 일이다.
>
> ─ 테오도어 아도르노

초기 교회의 교부 테르툴리아누스는 훌륭한 이유를 들어서 성^聖 바울을 '이교도의 사도'라고 불렀다. 기원후 2세기 신학자 마르키온Marcion이 기독교의 신은 히브리의 야훼와 완전히 구분되는 우월한 신이라는 자신의 신조를 옹호하기 위해 바울의 권위에 호소한 이후로 지금껏 사도 바울의 문헌은 창조적으로 오독되었다. 예수의 산상수훈에서 그런 공상적인 비약에 영감을 줄 만한 내용을 많이 발견하기란 쉽지 않다. 하지만 원죄와 은총, 임박한 구원을 강력히 암시하는 바울의 편지들은 사정이 다르다. 로널드 녹스 예하Monsignor Ronald Knox가 고전적인 연구서 《열정Enthusiasm》에서 제기한 대로, "바울의 정신은 오랜 세월 내내 오해되었다. 기독교 정신의 탈선 사례 중에서 일반적으로 발견되

는 그러한 영감의 원천으로서 그의 〈로마서〉를 지목하지 않는 경우는 없다."

그리고 우리는 그 이유를 이해할 수 있다. 〈로마서〉에 등장하는 다음과 같은 대단히 의미심장하고 비범한 함축적인 공식들을 고려해보라. "그러므로 사람이 의롭다 하심을 얻는 것은 율법의 행위에 있지 않고 믿음으로 되는 줄 우리가 인정하노라."(3장 28절) 이것은 순수한 내면의 신앙이 유대인의 것이건, 로마인의 것이건, 그리스인의 것이건 혹은 현대적인 것이건 그야말로 모든 율법을 다 이긴다는 뜻인가? 아니면 율법의 행위들은 궁극적으로 중요성이 없다는 의미인가? "유대인이나 헬라인이나 차별이 없기 때문이라. 한 주님이 모두의 주님이도다."(10장 12절) 이것은 새로운 종교적·도덕적 가르침이 모든 문화적 특수성을 철폐하는 절대적 보편성을 가진다는 의미인가? "그리고 미리 정하신 그들을 또한 부르시고 부르신 그들을 또한 의롭다 하시고 의롭다 하신 그들을 또한 영화롭게 하셨느니라. 그런즉 이 일에 대하여 우리가 무슨 말 하리요. 만일 하나님이 우리를 위하시면 누가 우리를 대적하리요?"(8장 30-31절) 이 말은 앞선 구절들을 이어받아, 신의 소명을 받은 자들은 율법을 무너뜨리고 세상에 보편적 진리를 불러내 저항에 맞서 싸우더라도 정당하다는 뜻인가? 이런 이단적인 해석들은 문헌학의 관점에서 보면 건전하지 않을 수도 있으나, 바울 자신이 표현한 대로 "피조물이 열렬히 고대하는 바는 하나님의 자식들의 나타남이니"(8장 19절) 문헌학이 무슨 대수이겠는가?

기독교의 역사 전반에 걸쳐서 성 바울의 중요성은 부침을 거듭
했다. 하지만 견딜 수 없는 현재에서 탈피하고 미래의 구원을 갈
망하는 사람들이 선호하는 대상에서 그가 배제된 적은 없다. 예
수의 가장 급진적인 사도가 더 나은 미래로 가는 길을 우리에게
제시한다는 사실을 믿기 위해 우리가 굳이 예수의 신성을 믿어야
할 필요도 없다.

오늘날 미국의 종교 전문 서점에 들어가서 돌아다녀 보면, 바
울의 서신들에 관한 책은 거의 없으며, 그나마 읽을 만한 가치가
있는 책은 더 드물다는 사실을 알게 될 것이다. 그러나 만약 비종
교적인 대학 서점의 서가를 어슬렁거리면 놀라울 정도로 많은 바
울 관련 저서들, 하지만 신앙 서적이 아니라 정치적 저술들을 발
견할 것이다. 오늘날 비판 이론, 해체 이론, 포스트모더니즘, 포
스트 식민주의 이론 등에 지적으로 찬동하는 사람들이 많은 사유
흐름을 성 바울 덕으로 돌리고 있다. '이론'을 연구하는 사람들이
어쩌다 아마추어 성경학자가 되었는지는 배워둘 만한 이야기다.
이 이야기에는 1960년대 마르크스주의에 대한 실망, 1970년대
해체와 정체성 정치로의 전환, 1980년대 발터 벤야민Walter Benja-
min의 메시아적 발상들과의 불장난이 개입한다. 그러나 유럽과
미국 학계의 좌파들에게서 나타나는 바울 유행 현상을 설명해주
는 것은 전직 나치 법학자 카를 슈미트와 그의 '정치 신학' 개념

이 지닌 끈덕진 매력이다.[9]

바울을 좌파의 보고寶庫로 승격시킨 최초의 인물은 1987년에
세상을 떠난 야콥 타우베스Jacob Taubes로, 그는 슈미트를 숭배한
유대인이었다. 레오 스트라우스와 에릭 뵈겔린보다 한 세대 아래
인 타우베스는 1923년에 스위스의 저명한 랍비 집안에서 태어났
고, 그 자신도 1940년대에 성직에 임명되었다. 전후에, 그리고
서구 종말론 연구서인 그의 굉장한 책이 출간된 이후에, 그는 뉴
욕, 베를린, 예루살렘, 파리를 쉬지 않고 오가는 순회 교수이자
정치적 등에가 되었다. 타우베스를 만난 사람은 누구나 타우베스
이야기 하나씩은 가지고 헤어졌다. 우리는 1940년대 후반에 뉴
욕에서 그가 몇몇 미래의 신新보수주의자들에게 탈무드를 가르
쳤다는 이야기를 듣는다. 예루살렘에서는 그가 이단적인 기독교
수도자들과 교류했다는 이야기를 듣는다. 그리고 베를린에서는
그가 1960년대 급진주의자들의 시위에 대해 연설하는 동안 루디
두취케Rudi Dutschke(1960년대 독일 학생 운동을 주도했던 인물—옮
긴이)와 헤르베르트 마르쿠제가 그의 곁에 감탄하는 표정으로 앉
아 있는 사진을 보게 된다. 베를린 시기는 그에게 명성을 가져다
주었다. 그는 독일의 젊은이들이 혹시라도 현인에게서 원할 수
있을 법한 모든 것을 가진 사람이었다. 그는 정통 마르크스주의
의 케케묵은 과학적 공식들이 아니라 구원이라는 성서적 언어로

---

9   나의 《분별없는 열정》 2장을 보라.

자신들의 혁명에 축복을 내리는 노회한 좌파 유대인이었다. 타우베스는 결국 급진주의자들에게 신물을 내게 되지만, 그래도 그는 그들에게 벤야민과 슈미트라는 은밀한 종교적 렌즈를 통해 정치를 바라보는 방법을 전수해주었다. 세상을 떠나기 몇 달 전, 그는 하이델베르크에서 이를테면 최후의 지적 유언을 남기려는 의도에서 성 바울과 슈미트에 관한 일련의 비공식 강연을 수행했다. 독일에서 《바울의 정치 신학Die politische Theologie des Paulus》이라는 제목으로 출간된 당시의 강연 원고는 독자들에게 큰 반향을 불러일으켰고, 지금까지 영어를 포함해 많은 유럽어로 번역되어 출판되고 있다.

크게 보아 타우베스는 성 바울에 관해 두 가지 주장을 했다. 첫 번째는 바울이 유대인을 배반하기는커녕 구원이라는 성서의 희망을 보편화하고자 보내진 전형적인 유대인 광신자였다는 주장이다. 그는 이 혁명적인 새 사상을 더 넓은 세계로 가져가려 했다. 모세 이후로 바울보다 더 나은 유대인은 없었다. 타우베스는 냉정하게 말한다. "나는 그가 독일, 영국, 미국, 스위스, 그리고 그 밖에 다른 어떤 곳에서든 지금껏 내가 들어본 그 어떤 개혁적인 랍비보다, 아니 그 어떤 진보적 랍비보다도 더 유대인답다고 여긴다." 주류 유대인들은 타우베스가 그 자신이 사도 바울의 유대인이라고 선포했을 때 당혹스러워했다. 그는 예레미야가 유대인에게서 나서 유대인에게로 간 선지자였던 반면에 바울은 "**유대인에게서 나서** 전 인류를 찾아간 사도"가 되는 일이 가능하다는 것을 보여주었다고 대꾸하곤 했다. 이런 대목은 그 자만심 넘치는 타우베스가 자기 자신을 어떻게 바라봤는지 말해주는 대목이기도 하다.

두 번째 주장은 정말로 중요하다. "바울의 당면 과제는 **하나님의 새로운 민족을 확립하고 적출로 인정하는**" 것이다. 이것은 슈미트가 특별한 의미를 부여해서 사용한 용어인 '정치 신학political theology'이라 부르는 것의 본보기다. 그가 의미하는 정치 신학은 법적·정치적 구조물들이 적법성을 얻거나 잃는 방식에 관련된 논의다. 이 절차는 인간이건 신이건 '주권자'가 내린 임의의 결단에 의존한다고 그는 주장했다. 그 결단은 '예외적 상태'에서(예를 들어 비상 상태에서 헌정이 중단될 때) 그런 질서들이 붕괴될 때마다 그 본모습을 드러낸다. 슈미트에 따르면 모든 사회는 일종의 위로부터의 정치적 계시에 암묵적으로 의존하며 이 계시는 그 어떤 보편적 원리도 반영하지 않고 그 어떤 자연적 한계도 인정하지 않으며 단지 무언가를 있게 하는 의지와 능력일 따름이다. 신학적 측면에서 보면 신은 모세에게 십계명을 줌으로써 자신에게 헌신하는 공동체를 창조했다. 정치적 측면에서 보면 모세는 국가 창조라는 나름의 행위를 합법화하기 위해 신을 요청했다. 슈미트뿐만 아니라 타우베스도 진지한 정치학은 모두 이러한 신비로운 이중적 성격을 띤다고 보았다.

바울의 〈로마서〉를 읽어내는 타우베스의 독법은 이런 신학-정치적 사유의 훌륭한 모범을 제공한다. 타우베스는 바울의 율법 폐기론에 관심을 쏟는다. 율법 폐기론은 성서의 메시아적인 약속을 전 인류에게 납득시키려면 반드시 이겨내야 할 적들인 유대 율법과 로마 율법에 가한 바울의 가차 없는 공격이다. "너 희는 율법이 아니라 은총 아래에 있다"(〈로마서〉 6장 14절)라는 바울의 선포는 모세와 카이사르에게 이중 쿠데타를 선포한 것으로, 새로운 정치 질서를 확립하는 주권적 결단이었다. 초기 기독교 정신에 관한 지금의 독법에서 예수는 거의 아무런 역할도 하지 않는다. 그는 단지 모반 초창기의 순교자였을 뿐이다. 진정한 혁명가는 바울이다. 그는 유토피아적 질서를 상상하면서 신학-정치적 명령을 통해 그 질서를 불러냈다. 타우베스는 이렇게 선언했다. "이와 비교하면 모든 고만고만한 혁명가들은 **아무것도** 아니다."

1993년에 타우베스의 강연 원고가 정식 출간되자 유럽 좌파는 사도 바울을 시기하기 시작했다. 그 후로 바울에 관한 책과 논문이 드문드문 선을 보이고 있다. 일부는 흥미롭고 일부는 싸구려다. 가장 놀라운 사람은 확실히 알랭 바디우Alain Badiou다. 1960년대 초에 마르크스주의 이론가 루이 알튀세르Louis Althusser에게 배운 학생이었고, 1970년대에는 급진적인 마오주의자이자 캄보디아 크메르 루주 정권의 옹호자였던 바디우는 이제 거의 여든의 나이가 되어서도 여전히 중국의 문화혁명을 따뜻하게 묘사하는 글을 쓴다. 그러던 바디우가 1997년에 《성 바울: 보편주의의 토대《Saint Paul: La Fondation de l'universalisme》[10]를 출간했을 때 프랑스는 충격을 받았다. 이 책은 성 바울의 급진적 보편주의를 재발견해서 혁명 정치에 적용할 것을 좌파에게 요청한다. 바디우가 바울의 특출난 광신도가 되어버린 것이다.

바디우는 언젠가《르몽드》지와의 대담에서 이렇게 말했다. "나에게는 68년 5월이 다마스쿠스로 가는 도상에서의 낙마였습니다." 그가 과연 시력을 되찾았는지 따져볼 수 있을 것이다. 이제는 대부분이 영어로 번역되어 있는 그의 정치적 저술들을 꼼꼼히 읽기란 매우 힘든 경험이다. 우리가 마오쩌둥 개인숭배에 대한 변론을 발견하는 것이 노상 있는 일은 아니다. 그 변론이 유사-신학적 용어들로 구성된 경우는 더욱더 발견하기 어렵다. 한 논문에서 바디우는 마오쩌둥을 '미학의 천재'라고 부르면서, "혁명적 대중에게는 그가 실제로 존재하는 정당의 보증인이라기보다 온전히 그 홀로 장차 도래할 프롤레타리아 정당의 화신이 되는 순간들이 있다"라고 첨언한다. 다른 글에서 그는 20세기 혁명 운동의 희생양들을 냉혈한의 시각으로 바라본다.

가끔 벌어지는 너무도 극단적인 폭력에 관해서는 어떤가? 수십만 명의 죽음은? 특히 지식인들을 대상으로 한 박해는? 우리는 그런 일들에 관해서, 바로 오늘 현재까지도 자유 정치를 실천하기 위한 다

---

10 국내에는《사도 바울: 제국에 맞서는 보편주의 윤리를 찾아서》(새물결, 2008)로 출간되었다.

소 팽창적인 모든 시도의 역사를 특징짓는 이 모든 폭력 행위에 관해 말할 때와 똑같이 말할 것이다. …… 현재 안에서, 절대적 현재의 열망 안에서 실천되는 총체적 해방이라는 주제는 항상 선과 악 저 너머에 놓인다. …… 따라서 극단적 폭력은 극단적 열정의 상관물이다. 왜냐하면 그것은 결과적으로 모든 가치를 재평가하는 문제이기 때문이다. …… 도덕은 낡은 세계의 잔재다.

1970년대 중반 베트콩 희생자 수천 명이 뗏목을 타고 남중국해로 탈출하고, 수백만 국민(수십만 정도가 아니라)이 캄보디아에서 학살된 후에, 프랑스에서 혁명과의 밀월은 끝장난 것처럼 보였다. 그 뒤로 20년 동안 바디우처럼 끝까지 살아남은 마오주의자들은 인권, 다문화주의, 신자유주의 등을 중심으로 정치 논쟁이 벌어지는 동안 내면의 망명 상태로 살았다. 하지만 새로운 세기에 더 급진적인 좌파 사상이 되돌아오자, 바디우도 복귀했다. 오늘날 그는 '민주주의'라는 멋진 단어 뒤로 숨어서 너무도 졸렬하게 시치미를 떼고 있는 야비한 '자본가-의회주의'를 비난하거나, 프랑스 국가의 '페탱화Pétainization(페탱은 2차 세계대전 때 독일 나치 정권에 부역한 프랑스 비시 정부의 수반으로, 집권했을 때 유대인을 법률적으로 비프랑스인의 전형으로 규정하고자 시도했다—옮긴이)'를 야기한 인종-의식적 다문화주의를 조롱할 때, 자기 말에 귀 기울이는 청중을 발견한다. 그는 '신新공산주의'라는 생각에 특별한 매력을 부여했다.

바디우가 마우쩌둥에서 바울로 전환한 것을 어떻게 설명할 수 있을까? 우리는 1988년에 출간된 그의 가장 중요한 철학서《존재와 사건 L'Être et l'Événement》에서 단서를 얻는다. 이 책의 주제는 존재론('있음'에 관한 이론)이지만, 다른 한편으로는 혁명이라는 관념에 대한 추상적이지만 절박한 숙고이기도 하다. 바디우의 존재론에는 신이 존재하지 않지만 그럼에도 기적이 존재하며, 그것을 '사건'이라고 부른다. 사건들은 예측할 수 없는 방식으로 인간사 속으로 침투해 들어가 세계와 우리를 재배열하는 새로운 진리들을 확립한다. 이는 마치 슈미트의 주권적 '결단'과 유사한 이야기로 들린다. 슈미트에 비해 바디우가 풀뿌리 민주주의에 더 우호적이며 혁명적 사건들의 전통을 아래로부터 들끓어 올라 시간의 흐름 속에서 하나의 연쇄를 창조하는 것으로 본다는 점을 제외하면 그렇다. 각각의 새로운 사건은 새로운 진리를 선언하지만, 그 새로운 진리는 또한 그 연쇄상의 앞선 진리들을 완료하고 정당화한다. 파스칼이 쓴 수수께끼 같은《팡세 Pensées》의 한 구절은, 구약의 예언들은 기독교의 계시가 그것들을 참으로 만들어주기 전까지 실제로는 거짓이었다고 주장한다. 파스칼을 다룬 단원에서 바디우는 정치 혁명의 역사와 관련하여 이와 유사한 측면을 지적한다. 1968년은 1917년의 약속을 들추어내 이행했으며, 그것이 차례로 1848년과 1789년을 정당화했다는 식의 주장을 그는 제시한다. 혁명은 결코 끝나지 않으며, 그것이 바로 우리가 설령 가장 암울한 시대에 처해 있다 하더라도 혁명적 '사건들'의 연쇄를 향한 '충성'을 견지해야 하는 이유다. 물론 그런 종류의 충성은 어려운 법이다. 왜냐하면 우리 눈앞에 보이는 증거와 그것이 충돌하기 때문이다. 이는 결국 어째서 혁명의 대의에 바치는 충성이 언제나 "여기서 관건은 진리라는 전투적 장치"임을 이해하는 '아방가르드의 소관'인지를 설명해준다.

아콥 타우베스처럼 바디우도 혁명가의 만신전萬神殿에서 성 바울이 있을 자리를 찾고 싶어 한다. 그는 바울을 1917년의 그 영웅과 같은 '사건의 시인-사상가'라고 부른다.

> 세기 초에 레닌과 볼셰비키들에 의해 자리에 오른 바로 그 사람을 계승할 것이 요청되는 …… 새로운 전투적 인물을 찾는 광범위한 탐색이 최근 들어 이루어지고 있다. …… 그리하여 이제 바울은 부활한다. 그를 레닌으로 삼고 이에 따라 그리스도가 마르크스와 동급이될 것이라는 식의 비교를 감행한 사람이 내가 처음은 아니다.

마오주의자 겸 레닌주의자인 데 비하면 바디우는 기독교를 '이전 담론들의 통치'를 뒤엎는 혁명 운동으로 본다는 점에서 기독교에 대단히 개방적인 태도를 취한다. 이성과 증거를 요구하는 그리스 철학자들의 학자연하는 태도에 맞서서 예수는 기적을 행하고 예언을 했다. 로마와 유대의 율법들에 맞서서 그는 내면의 신앙에 기초한 정의와 구원의 보편적 복음을 선포했다. 비록 예수의 성육신과 십자가형, 특히 부활이라는 신화가 우리에게 구원이란 '무법칙적인 돌발'에 달려 있음을 상기시키지만, 그럼에도 바디우가 보기에 그는 확실히 메시아가 아니었다.

그렇게 해서 타우베스처럼 바디우도 진정한 기독교적 '사건'을 예수의 삶과 가르침에서가 아니라 바울의 〈로마서〉에서 찾는다. 시나이산의 계시 또한 역사적인 혁명적 사건이었다. 그러나 기독교 신학자들의 길고 추레한 계보를 따라가듯, 바디우도 유대 율법주의와 민족적 특수성이 그리스도의 죽음 이후 공격적으로 반혁명적 성격을 띠게 되었다고 주장한다. 그 유대적인 '사건'에 대한 진정한 '충성'은 새롭고 더 보편적인 기독교적 사건의 수용을 요구한다. 적어도 이 지점에서 바디우와 타우베스의 바울 독법은 갈라선다. 타우베스의 관점에서 바울은 처음에 히브리인들에게 주어진 메시아의 약속을 보편화했을 뿐 그 약속을 철폐하지 않았다. 바울 덕분에 우리는 모두 시나이산의 자녀들이다. 비디우가 보기에 바울의 전투적 보편주의는 이전에 칸트가 '유대주의의 안락사'라는 유감스러운 구절로 불렀던 바를 우리에게 미리 맛보게 해준다. 칸트처럼 그 사도는 "보편성이란 어떤 특수성의 양상으로 스스로를 드러내지 말아야 한다는 명령"임을 이해했고, 그래서 그는 "좋은 소식(복음)을 유대 공동체라는 엄격한 울타리 안으로 한정하면 그것이 제한될 수 있기에 그 좋은 소식을 울타리 밖으로 끄집어내는 일"에 착수한 것이다.

알랭 바디우가 〈로마서〉의 맥락에서 '특수성'을 비판할 때, 우리는 그가 자신의 혁명적 이상理想에 대한 전통적 방해물들인 부르주아적 개인주의, 사유 재산, 민족적 애착을 공격한다고 생각해볼 수도 있다. 이러면 그답다. 그러나 그의 신문 기고문 투의 논고들에서 우리는 그의 정치적 상상 속에서 유대인이 더 크고 더 암울한 역할을 수행하는 것을 목격하기 시작한다. 2005년에 바디우는《상황들 3: '유대'라는 단어의 용법들Circonstances 3: Portées du mot 'Juif'》이라는 제목의 논문집을 출간했다. 이 책은 출간 즉시 열띤 논쟁을 촉발했다. 이 책에서 그는 '유대'라는 단어가 "가치들의 영역에서 모범적인 위치에 자리한 …… 신성한 기표가 된 것"에 불쾌감을 표시한다. 그는 "나치 일당과 그 공모자들이 '유대인'이라고 불렀던 수백만의 사람들을 절멸시켰다는 사실이 내 마음에는 문제의 그 정체성 술어에 어떠한 새로운 적법성도 제공하지 않는다"라고 덧붙인다.

이 감정 분출의 가장 가까운 표적은 현재의 이스라엘이다. 이 나라는 홀로코스트를 빙자하여 자신들이 팔레스타인인들을 대우하는 방식을 정당화하고 서구 정부와 개인에게 배상을 요구한 혐의를 받는다.《상황들 3》에는 이 주제를 다룬 과격한 논고가 포함되어 있는데, 가끔 바디우와 협력 작업을 하곤 하는 세실 빈터 Cécile Winter가 쓴〈새로운 아리아인들의 '주인-기표 Master-Signifier'〉라는 제목의 글이다. 빈터는 성난 목소리로 우리에게 이렇게 고발한다. "오늘날 히틀러의 발명품과 완벽하게 연속선상에 있는 이 '유대'라는 단어는 초월적 기표가 되었고, 이런 반전 덕분에 당대의 강자들이 이득을 보는 상황이다. 이 단어는 신성 모독의 위협 속에서 우리를 침묵으로 몰아가기 위해 함부로 휘둘러지고 있다." 바디우는 이렇게 첨언함으로써 이에 동의한다. "누구도 이런 유형의 정치적 협박 편지를 공적으로건 사적으로건 더는 수용하지 말아야 한다고 나는 제의한다." 이 책을 둘러싸고 프랑스에서 벌어진 토론에서 바디우는 이스라엘을 비판함으로써 유대인에게 가장 이득이 되는 길을 찾는 중이라고 주장했다. 그는 "유대인이라는 이름을 위협하는 근본적 발원지는 스스로를 유대적인 나라라 부르는 어떤 국가다"라고 언급한다. 실제로 그는 이스라엘에 여전히 보편적인 세계사적 소명이 주어져 있을지도 모른다고 생각한다. 아마도 그 소명이란 아랍인도 유대인도 존재하지 않는 '세속적이고 민주적인 팔레스타인' 속으로 스스로 용해되어 들어가는 일이 될 것이다. 그리고 그럼으로써 "가장 덜 인종적이고, 가장 덜 종교적이고, 가장 덜 민족주의적인 국가가 되는 것이다."(확실히 이곳이야말로 바디우가 생각하는 의회 민주주의가 수용될 수 있을 법한 지구상 최적의 한 지점이 될 것이다.) 그는 물론 그러기 위해서는 아랍에서 '그 지역 만델라'의 봉기가 필요할 것이며 나머지 세계는 '홀로코스트를 망각해야' 할 것임을 인정한다. 다른 말로 하자면, 기적이 필요하다.

이와 같은 이스라엘 정서는 유럽에서 점점 더 흔해지고 있지만, 바디우가 생각한 진정한 문제는 유대적인 특수성 그 자체다. 다음은 그가 특히 혐오감을 드러낸 한 단락에서 이 문제를 제기하는 방식이다.

　'유대인'이라는 단어와 그 용법들의 자칭 소유권자인 그 쩨쩨한 도당의 욕망은 무엇인가? 쇼아, 이스라엘 국가, 탈무드 전통이라는 삼각 편대가 떠받치고 있는 그 도당이 이 단어의 보편주의적이고 평등주의적인 의미에 동의하는 것이 아주 엄격히 말해 가능하다고 주장하는 사람 누구에게나 낙인을 찍고 공공연한 경멸감을 노출할 때 도대체 그들이 얻어내고자 희망하는 것은 무엇이란 말인가?

　해석: 쩨쩨한 도당이 자신들의 권리와 정체성을 고집하면서, 나쁜 선례를 설정하고, 반동 세력을 섬기면서, 보편적 혁명을 훼방하는 걸림돌이 되고 있다. 만약 보편적 진리가 앞을 환히 비추려면 유대인들에게 무언가 손을 써야 한다.

　다른 형태의 전가 행위와 마찬가지로 반反유대주의 역시 역사적 비관론이 먹여 살리고 있다. 미국의 대학들 내에서 동조자들을 확보하고 있는 특정 유형의 유럽 좌파는 1960년대와 1970년대에 제기된 혁명적인 정치적 대망의 붕괴를 극복하지 못했다. 반식민주의 운동들은 일당 독재 정권으로 바뀌었고, 소비에트 모형은 소멸했고, 학생들은 정치를 포기하고 취업 경력을 좇았으며, 서구 민주주의 정당 체제는 고스란히 현상 유지 중이고, 경제는 부富를 생산했고(골고루 나눠 갖지 않는 채로), 세계 전체가 연결성connectivity에 홀려 있다. 페미니즘, 동성애자 인권, 가부장적 권위의 쇠퇴 등 성공적인 문화 혁명이 있었고 그것이 지금은 서구 바깥으로도 퍼져 나가기 시작한 상태다. 그러나 정치 혁명은 없었고, 이제는 일어날 전망도 보이지 않는다. 무엇을 겨냥할 것인가? 누가 지휘할 것인가? 그 후에는 무슨 일이 벌어질까? 아무도 이런 질문들에 답을 갖고 있지 않으며 이런 질문을 계속 던져야 한다고 생각하는 사람도 거의 없다. 우리가 오늘날의 좌파에게서 (거의 전적으로 학계에만 존재하는) 발견하는 것은 역설적 형태의 역사적 노스탤지어가 전부다. 바로 '미래'를 그리워하는 노스탤지어다.

그리하여 그 노스탤지어에 자양분을 제공할 수 있는 지적 보고寶庫를 찾는 아주 절박한 탐색이 이어졌다. 첫째, 히틀러가 거느린 '최고의 법학자' 카를 슈미트의 수용이었다. 이것은 굳이 말하자면 '자연을 거스르는 결혼un mariage contre nature'이다. 자유주의적 사상들이란(중립성과 관용의 사상을 포함하여) 학교나 언론 같은 기관의 지원 하에 지배 세력에게 유리한 구조를 제공하는 임의적인 구성물에 지나지 않는다고 주장하기 위해 비밀스러운 '주권적 결단'이라는 슈미트의 발상을 차용한 것이다. 19세기에 마르크스의 이념 비판도 동일한 결론에 도달했다. 하지만 거기에는 치명적 약점이 있었다. 그것은 바로 그 비판이 사적 유물론에 의존한다는 점이었다. 사적 유물론은 세계에서 어떤 일이 일어나거나 혹은 일어나지 않음에 따라 거짓이 될 수도 있는 이론이다. 그 이

142

론에 대한 확신을 잃어버린 후 좌파는 마르크스라면 관념론이라고 불렀을 법한(그리고 그럼으로써 마땅히 깨끗이 잊어버렸을) 설명으로부터 지지를 구했다. 이를테면 정치적 지배는 맨눈에는 뚜렷이 보이지 않는 것들에 의존한다는 식의 설명이었다. 에테르처럼 눈에 보이지 않으나 모든 곳에 모습을 드러낸다는 미셸 푸코의 '권력' 이론은 그 방향으로 나아가는 첫 단계였다. 그다음은 슈미트의 복권이었다. 슈미트가 '정치적인 것'의 본질이라면서 태연하게 옹호한 피아彼我의 구분이 정치는 투쟁이지 숙고나 협의나 타협 같은 것이 아니라는 확신을 회복하는 데 도움을 주었다. 이런 생각들에다가 반 토막만 이해된 성 바울의 종말론을 보태보라. 기적과도 같은 구원의 혁명에 대한 확신이 실제로 다시 한번 가능할 것처럼 보일 것이다. 역사에 작용하는 힘들이나 논쟁과 조직화라는 고된 노력을 통해 분출된 혁명은 아니다. 우리가 가장 기대하기 어려울 때, 한밤의 도둑처럼 그렇게 도래하는 혁명이다.

새로이 성 바울을 추종하는 포스트모던적인 열성분자들이 〈데살로니가전서〉에 나오는 저 은유를 알아들을지는 의심스럽다. 성경 공부는 고된 일이며 헌신을 요하지만, 신新바울주의자들은 손쉽고 자극적인 일들을 원한다. 그리고 우리가 팔걸이의자에 계속 앉아 있는 한, 레닌이나 마오쩌둥이나 폴 포트를 위한 영악한 변론을 읽으면서 느끼게 될 거부하기 어려운 전율과 유대인들을 솎아내야 하는 정교한 이유들을 발견하는 데서 얻는 만족이 있을 것이다. 이스라엘 학자들과 그 나라 기관들에 대한 거부 운동을 요청하는 온라인 청원을 읊조림으로써 다시 활기를 느낄 수도 있다. 그러나 이런 것들은 문학적 경험이지 정치적 경험이 아니다. 그런 경험은 부르주아 사회가 제공하는 것보다 더 극적인 조건의 인생을 살고, 느닷없이 정열의 뜨거운 맥박을 느끼고, 인간의 정신을 짓밟고 나서 그 매 값을 치러주는 쩨쩨한 법률과 관습을 확 뒤집어엎을 수 있기를 열망하는 굉장히 유서 깊은 정치적 낭만주의를 선동한다. 우리는 이런 열망을 인정하며 그것이 어떻게 현대적 의식과 정치를 형성했는지 알고 있다. 흔히 엄청난 대가를 치러가면서 말이다. 그러나 그런 열망의 수호성인은 타르수스의 바울이 아니다. 에마 보바리Emma Bovary다.

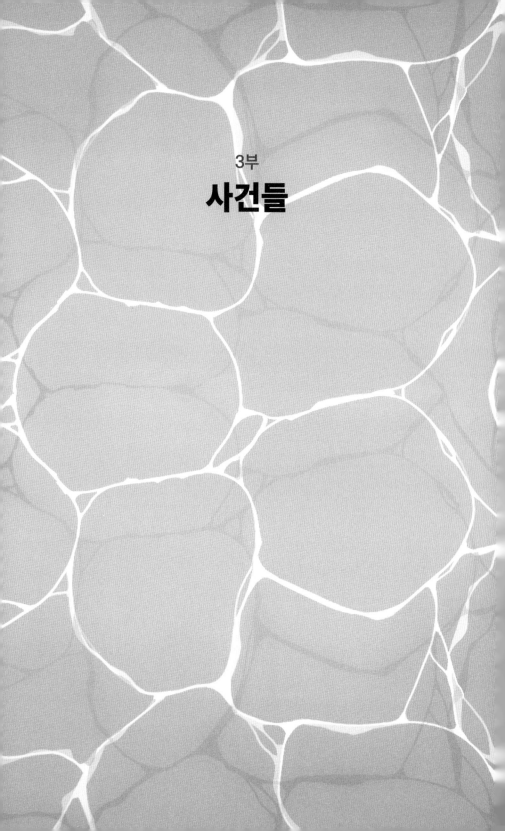

3부

사건들

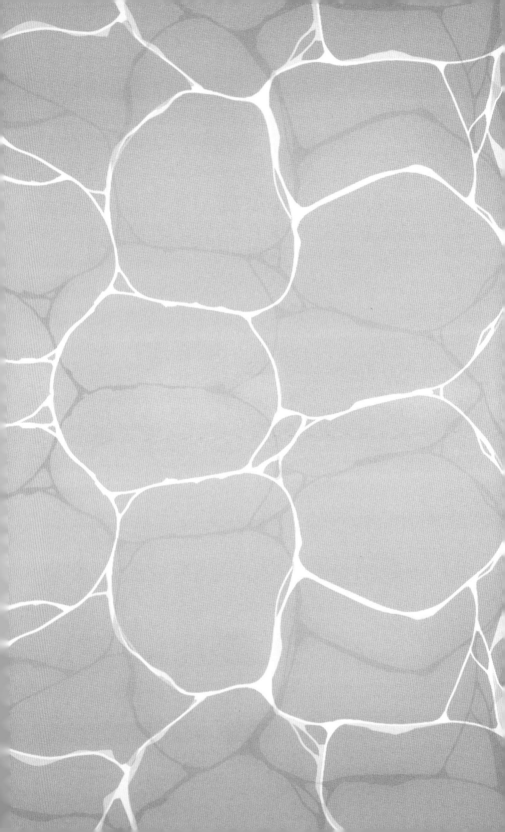

2015년 1월, 파리

인간은 어떤 피해를 입지 않고서는
자신의 시대에 화를 낼 수 없다.
— 로베르트 무질

2015년 1월 7일 아침에 두 명의 프랑스인 무슬림 사이드 쿠아치와 셰리프 쿠아치 형제가 풍자 주간지 《샤를리 에브도Charlie Hebdo》지의 파리 사무실에 침입해서 열두 명을 살해했다. 도주하기 전에 그들은 이 신문사가 여러 해 동안 선지자 무함마드를 모욕하는 카툰을 여러 편 실은 데 대한 복수라고 외쳤다. 그다음 날 아침, 젊은 여성 경찰이 그 도시 근교에 있는 유대인 학교 인근 도로에서 이들 형제에게 동조하는 급진주의 무슬림 아메디 쿨리발리에게 총격을 받고 숨졌다. 그는 그다음 날인 1월 9일에 중무장을 하고 파리의 한 유대인 전용 슈퍼마켓에 들어가 직원 네 명을 살해하고 남은 사람을 인질로 잡았다. 그날 오후 늦게 경찰은 슈퍼마켓과 파리 북동부에 있는 쿠아치 형제의 은신처를 동시에

급습해 세 테러리스트를 사살했다. 1월 11일 일요일에 희생자들을 기리기 위한 집회가 프랑스 전역에서 벌어졌다. 파리에서는 150만 명이 넘는 사람들이 전 세계 44개국 지도자들과 함께 행진에 참가했다.

이 살인 행위들은 경악보다는 공포를 자극했다. 정치적 이슬람주의는 적어도 2년 동안 프랑스에서 초미의 관심사였다. 2012년에 한 테러리스트가 남서부 프랑스에서 프랑스 무슬림 군인 세 명을 살해한 다음, 유대인 학교에서 교사 한 명과 학생 세 명을 살해했다. 2014년 내내 프랑스 전역에서 젊은이들이 지하드를 수행하기 위해 시리아로 떠나고 있다는 소식들이 전해졌다. 연말에 그 수는 1000명을 훌쩍 넘었고 그들 중 대다수는 최근의 개종자들이었으며 어린 소녀들의 수가 깜짝 놀랄 만큼 많았다. 가을쯤에 이라크와 시리아의 이슬람국가ISIS가 저지른 인질 처형 행위에 프랑스인 지하드 대원이 가담한 동영상이 나돌기 시작했다. 그리고 10월에는 알제리에서 프랑스인 산악 가이드가 참수당하는 또 다른 동영상이 등장했다. 그런 다음, 저 1월의 공격이 있기 2주 전 불안정한 무슬림 남성들이 '신은 위대하시다allahu akbar'라고 외치면서 사람들을 죽이려 한 시도가 세 건 있었다. 한 건은 칼로 경찰관 세 명을 공격한 것이었고, 나머지 두 건은 지방 도시들에서 성탄절을 맞아 북적이던 옥외 장터로 차를 돌진시킨 사건이었다. 이 모든 일을 감안할 때, 1월의 저 사건들이 터지고 난 후 우리가 "모든 조짐이 거기에 있었고", 그러니 그런 조짐들을 무시한 잘못이 누군가에게 틀림없이 있겠다고 확신하기란 어렵지 않았다.

뒤이은 논란도 무작정 놀랄 일만은 아니었다. 1989년에 독실한 세 무슬림 소녀가 한 프랑스 학교에서 두건을 벗지 않겠다고 고집해서 정학을 받은 이후로 줄곧 프랑스 사회에서는 이슬람의 본분을 둘러싼 문화 전쟁이 부글부글 끓어오르던 참이었다. 학교에서 할랄 음식을 급식하는 문제, 주택 건설 프로젝트에서 분출된 폭동, 모스크나 유대교회당에 가해지는 공격, 우파인 국민전선의 지방 선거 승리 등, 몇 년 걸러 한 번씩 별개의 사건이 그 갈등의 불씨를 되살려내곤 했다. 파리의 학살은 그 일을 재연했으며 그 방식이 매우 심각했다. 뒤이어 나타난 격렬한 대중 토론의 양상은 친숙한 양태였다. 좌파 언론인과 정치인은 신속하게 그 공격이 "이슬람과는 무관하다"라고 선언하고 프랑스의 실패한 경제·사회 정책의 희생자들에게 퍼붓는 비난을 멈추라고 경고했다. 우파 진영의 비판자들은 그들이 현존하는 정치적 이슬람주의, 이민, 다문화주의의 위험성을 무시하고 있다며 비난했다.

그런데 그때 새로운 목소리들이 들려왔다. 우파에서 나온 것이기는 하지만 그것은 단지 가까운 과거에 관해서만이 아닌 세계 역사의 흐름 전반에 관해 낭랑한 선지자의 논조로 말하는 목소리였다. 그들은 현재의 위기를 이해하려면 훨씬 더 뒤로 거슬러 올라가야 한다고 말했다. 두 차례의 세계대전들로, 제3공화국의 흥망성쇠로, 나폴레옹으로, 프랑스 혁명으로, 심지어 계몽주의나 중세 때까지 한참을 뒤로 말이다. 이런저런 정부 정책이나 이런 저런 개혁에 논의의 초점을 맞추는 것은 이 참극의 규모가 어느 정도인지 그저 눈을 감고 있겠다는 뜻이다. 우리는 더는 우리의 운명을 통제하지 못한다. 바로 이것이 이 문제의 진실이다. 우리 가 비로소 깨달은 상황은 프랑스를, 어쩌면 서구 문명 전체를 파 국의 경로에 기어코 들어서게 만든 비참한 정치적·문화적 실책 들이 빚어낸 예견된 결과다. 그리고 이제 그 계산서가 도착한 것 이다.

이와 같은 논증들은 프랑스에서는 한동안 들리지 않았다. 일찍 이 문화적 절망이라는 중요한 지적 전통이 있었고 이 전통은 프 랑스 혁명에까지 거슬러 올라간다. 19세기의 조제프 드 메스트 르와 샤토브리앙에서부터 20세기의 모리스 바레스와 셀린에 이 르기까지 프랑스의 가장 중요한 몇몇 저술가들이 바로 이 전통에 속하는 인물들이다. 그러나 2차 세계대전 이후 이 사유의 흐름은 이번에는 파시즘 및 쇼아와 결탁했고 결국 치욕의 나락으로 떨어 졌다. 프랑스의 저술가가 보수주의자가 되는 것은 여전히 허용되 었지만 반동주의자는 허용되지 않았고, 누구나 현대적인 진보로 여기는 것들을 비난하는 역사 이론을 보유한 반동주의자라면 확 실히 허용되지 않았다. 오늘날에는 그것이 허용된다. 지난 4반세 기가 지나는 동안 프랑스 사회는 거의 아무도 행복해하지 않는 변화를 겪었으며, 좌파 성향의 지식인들이건 중도적 정치인들이건 그런 변화를 만족스럽게 다룰 수 있을 것 같지 않다. 이제 기회를 감지한 신흥 반동주의자들은 자기들이 쓴 책을 읽고 무언가 인정받는다는 흥분을 경험하는 일군의 대중을 발견하고 있다. 그들은 또한 자신들이 오해받고 있다는 느낌에서 벗어나는 해방감도 느끼고 있다. 수많은 프랑스 독자들은 2015년 1월의 극적인 사건들을 이해하기 위해 이들 중 특히 두 저술가에게 의지했다.

한 명은 언론인 에리크 제무르Éric Zemmour다. 파리 공격이 벌어지기 몇 달 전 제무르는 《프랑스의 자살Le Suicide français》이라는 책을 출간했다. 그는 이 책에서 프랑스 무슬림의 역할이 그 핵심이 된다고 본 프랑스의 쇠퇴라는 웅장한 묵시록적 전망을 제기했다.[11] 이 책은 2014년에 베스트셀러 2위에 올랐고 가장 큰 논란의 대상이 되었다. 이슬람에 관한 선동적인 의견들 때문에 제무르는 죽음의 위협을 받았고 저 학살 사건 이후 프랑스 정부는 즉시 그에게 경찰의 보호를 제공했다. 또 다른 더 중요한 인물은 미셸 우엘벡Michel Houellebecq이다. 그는 어느 모로 보나 프랑스의 가장 중요한 현대 소설가다. 그의 신간 소설(기이한 운명의 장난으로 《샤를리 에브도》의 살인극이 벌어진 같은 날 오전에 출간된)은 가까운 미래에 프랑스에서 정권을 잡는 이슬람 정당을 중심으로 이야기가 전개된다. 또한 이 소설은 중세 이후 서구의 쇠퇴가 어떻게 이 중차대한 사건을 준비했는지에 관한 사색을 담고 있다. 우엘벡은

---

11 《프랑스의 자살(Le Suicide français)》(Paris: Albin Michel, 2014).

이 소설에 지독하게 노골적인, "복종"이라는 제목을 붙였다.[12] 이 책은 학살이 벌어지기 불과 몇 시간 전에 서점에 등장했는데도 사회주의자인 마뉘엘 발스Manuel Valls 수상은 공격 후 첫 인터뷰에서 이 소설의 저자를 비난하지 않을 수 없다고 느꼈다. 그는 이렇게 말했다. "프랑스는 미셸 우엘벡이 아닙니다. 이 나라는 불관용이나 증오나 공포의 나라가 아닙니다." 하지만 바로 우엘벡이 증오의 대상이 되었고, 제무르처럼 그 역시 24시간 내내 경찰의 보호를 받아야만 했다.

테러리스트들의 공격이 발생했을 때, 나는 마침 파리에서 머무르면서 이 책을 쓰는 중이었다. 뒤이은 몇 주 동안 나는 이 사건들을 다룬 여러 편의 글을 《뉴욕 서평The New York Review of Books》지에 기고했는데, 그중에는 제무르에 관한 글이 한 편 있었고 우엘벡에 관한 다른 글도 있었다. 이 글들을 다 쓰고 나서 나는 이들 당대의 저술가들과, 지금 이 책의 앞 장들에서 논한 인물들 사이에 드러나는 친화성에 충격을 받았다. 나는 그 순간의 강렬했던 느낌을 전달하기 위해, 그리고 정치 행위를 유발하는 역사적 신화들의 위력이 우리 시대에도 소멸되지 않았음을 상기시키기 위해, 그 기고문들을 원문에 가깝게 지금 이 책에 그대로 수록하기로 결정했다.

---

12 《복종(Soumission)》(Paris: Flammarion, 2015); 영역본은 Lorin Stein (Farrar, Straus and Giroux, 2015; 한국어 번역본은 문학동네, 2015).

자살

에리크 제무르는 언론인이나 사상가라기보다는 순간의 정치적 열정들을 통과시켜 어떤 구체적인 모양을 띠게 만드는 매개자에 가깝다. 북아프리카 유대인의 아들인 그는 보수적인 신문《르피가로》지에 사설을 쓰면서 세상에 이름을 알리기 시작했고, 그런 다음 텔레비전과 라디오에도 출연해 시사 쟁점들에 관해 허를 찌르는 지적 논평을 제기하곤 했다. 분명히 우파이기는 하지만 그의 발언은 신선하고 친근감이 있어 보였다. 그는 새로운 매클루언-쿨McLuhan-cool(매클루언이 제시한 이른바 쿨-미디어cool-media는, 깊은 관여를 요구하지만 상대적으로 담고 있는 정보량이 많지 않은 미디어를 의미한다—옮긴이) 스타일의 볼테르풍 재사才士, épateur였다. 2014년 무렵이 되자 그런 제무르는 더는 존재하지 않았다. 그는 하루가 멀다 하고 가용한 모든 매체에 등장해 똑같은 메시지를 전송하는, 언제 어디서나 함께하는 선지자 예레미야가 되었다. "깨어나라, 프랑스여! 여러분은 배신당했고 여러분의 조국은 도둑맞았다." 물론 그가 국민전선이 매력을 느낄 만한 흉악한 대중영합주의자는 아니다. 그는 교양 있고, 박식하며, 멋있고, 운 좋고, 행복한 전사戰士다. 그는 나쁜 소식을 전할 때에도 결코 목소리가 높아지는 법이 없다. 그리고《프랑스의 자살》에는 그런 나쁜 소식이 많이 들어 있다.

이 책은 우격다짐의 책이다. 책은 79개의 짧은 단원들로 구성되어 있는데, 각 단원은 제각기 프랑스의 쇠퇴를 잘 드러낸다고 추정되는 특정 시기를 다루는 데 바쳐진다. 제무르는 그 단원들을 연속성 있는 서사로 전환하지도 않고, 그것들이 서로 어떻게 연결되는지도 설명하려 하지 않는다. 그 관계들은 그냥 느껴지게 되어 있다. 그는 감명을 느끼게 하는 데 달인이다. 그렇게나 많은 프랑스 십자가의 길을 다시 밟아간다는 것이 견디기 어려운 소리로 들리지만, 이 책이 먹힌다는 사실은 그가 작가로서 지닌 재능과 논객으로서 지닌 교활함을 증언해준다.

파국과 특히 배반의 목록은 길다. 산아 제한, 금본위 제도 폐지, 언어 규범(차별적 언어의 사용 금지 등), 시장 공동체, 무책無策 이혼, 후기 구조주의, 기간산업의 민영화, 낙태, 유로화, 무슬림과 유대인의 공동체주의, 젠더 연구, 미국의 힘 앞에 굴복한 나토NATO, 독일의 힘에 굴복한 유럽연합, 무슬림의 힘에 굴복한 학교, 식당 내 흡연 금지, 징병 제도 철폐, 공격적인 반인종주의, 불법 이민을 옹호하는 법률, 학교에서 이루어진 할랄 음식 급식 등등. 반역자 명단은 이보다는 짧지만 마찬가지로 다채롭다. 페미니스트들, 좌파 언론인과 교수들, 신자유주의 사업가들, 신자유주의 반대 운동가들, 비겁한 정치인들, 교육 기관들, 유럽 관료들, 심지어 선수들을 통제할 힘을 상실해버린 프로 축구팀 감독들도 포함되어 있다.

일부 단원들은 프랑스어로 말하자면 '알뤼시낭hallucinants(환각 물질)'이다. 한마디로, 어지럽다. 비시 정부를 다룬 단원들을 보면 그가 단지 괴상한 소리를 하고 있는 것 같다는 생각이 든다.

이를테면 그는 그 나치 부역자들의 정부가 실제로는 프랑스의 유대인들을 구하기 위해 노력했다고 주장한다. 그러나 다른 단원들에서는 충분히 진짜 득점에 성공한다. 호의적 태도를 가진 독자라면 금방 그를 따라 더 미심쩍은 영역으로 들어설 채비를 마다하지 않을 정도다. 그는 자신의 주장들을 문에 못 박아놓고 "내가 여기에 있습니다. 나는 다른 어떤 것도 할 수 있는 일이 없습니다(마르틴 루터가 95개 조항의 반박문을 써서 교회 정문에 붙여놓으면서 시작된 종교개혁 운동과 그 후 한 청문회 자리에서 언급한 유명한 발언을 비유한 문장이다—옮긴이)"라고 선언하는 유형의 선동가는 아니다. 그는 더 유연하고, 그의 입장과 논증은 마치 웹 페이지처럼 새로운 사실들과 상상들로 끊임없이 갱신된다. 이것이 그를 비판하는 사람들이 어쩔 수 없이 빠지게 되는 함정을 만든다. 비판자들은 그의 과장과 날조를 폭로하는 데 만족하지 않고 적에게 조금의 위안도 주지 않기 위해 우파가 말한 것이면 무엇이든 본능적으로[인민전선(파시즘의 공세와 전쟁 위협에 맞서, 노동자와 농민, 중산 계급, 자유주의자와 사회주의자, 공산주의자가 광범한 제휴 관계를 맺어 형성한 통일 전선—옮긴이)의 시대 이후로 프랑스 좌파에 뿌리 깊게 배어 있는) 비난하고 본다. 그들의 사고는 이런 식이다. 만약 지금이 네 시이고 에리크 제무르가 지금이 네 시라고 말한다면, 지금은 세 시라고 말하는 것이 우리의 본분이다. 이로써 장담컨대 그는 아침저녁으로 동조자들을 바라보며 "내 말 무슨 뜻인지 알겠죠?"라고 말할 수 있을 것이다.

제무르의 견해들은 정말 너무도 절충적이어서 어떤 딱지를 붙여 '통째로' 처리할 수가 없다. 그리고 그 견해들은 놀랄 만한 것들일 수 있다. 다른 프랑스 우파들과 마찬가지로, 그는 국가의 위엄에 노스탤지어를 품은 자칭 애국자이며, 드골의 연설을 인용한다거나 나폴레옹의 승리들을 열거할 때마다 그의 산문은 피가 끓어오른다. 그러나 그간 작성한 국가 반역자 명단 상위에는 프랑스의 사업가 계층이 자리 잡고 있다. 그는 일거리를 외주로 돌리고 준準교외 지역에 대형 매장을 설립하는 최고 경영자들을 꾸짖는다. 그런 매장들은 결과적으로 소도시나 작은 마을의 상권을 죽이고 거리를 텅 비게 만든다. 그 결과 오로지 비행 청소년들만 남는다. 그는 유럽의 완전한 통합을 밀어붙이고 프랑스 프랑화를 포기함으로써 노동자와 국가를 배신한 은행가와 재정가를 비난한다. 다른 사람들도 지적한 적 있듯이, 그는 유로화에 그려진 이미지들이 역사적으로든 지리학적으로든 아무것도 의미하는 바가 없다는 사실을 무겁게 간주한다. 그저 밑도 끝도 없는 곳들을 서로 연결하는 교량과 허공에 둥둥 떠 있는 건축물의 일부 구성 요소들만 보일 뿐이다. 이런 대목들은 유럽의 국민국가에 무슨 일이 벌어졌는지 잘 이해하게 해주는 적절한 은유다. 프랑스로 하여금 자신의 집단적 운명을 자유롭게 결정할 수 있게 해주었던 그 혁명이 종국에는 브뤼셀에 의해서 전복되고 말았던 것이다. "과거의 귀족주의적 유럽과 오늘날의 기술 관료 과두제가 마침내 구제 불능인 프랑스에 복수를 했다."

이와 비슷한 주장들은 오늘날 프랑스 책방의 서가를 채우고 있는 좌파의 반反세계화 책자들에서도 발견할 수 있다. 그러나 제무르는 이런 주장들을 토착주의 성향이 더 강한 우파의 논증들과 함께 버무려 뒤범벅을 만들어버린다. 이것은 그가 급진적 페미니즘과 이민을 조장한(그는 이 둘이 서로 연결되어 있다고 본다) 60년대 세대를 공격하는 방식과 비슷하다. 문화적·물리적 약점 탓으로 돌려진 프랑스-프러시아 전쟁의 패배 이후로 지금껏 프랑스인들은 출생률에 집착해왔다. 오늘날 출생률은 유럽 기준으로는 비교적 높은 편이지만, 북·중 아프리카 이민자 '인종' 가족들의 높은 출생률이 그 수치를 떠받치는 것으로 보인다.(정부는 민족별 통계를 내놓지 않는다.) 이것이 극우파에게는 주요한 강박 관념이 되었다. 그들의 저술은 인구학적 관성의 힘으로 프랑스를 조용히 무슬림 국가로 바꿔놓게 될 이른바 '거대한 대체grand remplacement'가 임박했다는 예측들로 가득 차 있다. 제무르가 이런 이론을 언급한 적은 없으나 그것에 공감하는 것은 분명하다. 백인 여성의 자궁은 페미니즘 때문에 시들어버렸다고 그는 넌지시 내비친다. 그리고 다문화주의 덕분에 밀물처럼 쇄도하는 다산多産의 이민자들이 계속 허용된다. 이것이 그가 입에 담은 말마따나 프랑스의 무슬림들을 '국민 속의 국민un peuple dans le peuple'으로 여겨야 하는 또 한 가지 이유다. 이는 사실 그가 현재의 위험에 맞춰 번안한 유럽 반유대주의의 고전적 주제일 뿐이다.

다문화주의에 해당하는 프랑스 단어는 '앙티라시즘antiracisme

(반反인종주의)'이며, 이 단어의 역사는 좌파의 발전과 쇠퇴의 역사와 겹쳐진다. 파스칼 브뤼크네르Pascal Bruckner와 알랭 핀킬크라우트Alain Finkielkraut 같은 예전 68세대는 1970년대에 좌파 활동가들이 전통적인 노동자 계층을 포기하고 정체성의 정치로 전환함으로써 비참한 실수를 저질렀다고 오래전부터 주장한 바 있다. 버림받은 노동자들은 국민전선으로 돌아서서 그들의 외국인 혐오를 받아들였으며, 이에 대한 응답으로 좌파는 주로 무슬림인 이민자들을 옹호하고 그들 문화에 가해지는 비판을 차단하는 조직들을 결성했다. 소작농과 이민자를 동등한 시민으로 대우할 수 있고 또 그렇게 대우해야만 한다는 프랑스의 고상한 그림은 해외 식민지 출신의 국민들을 억압하여 자국의 하위 계층에 충당하자는 인종주의 국가의 그림으로 대체되고 말았다. 제무르의 주장에 따르면, 지금은 저 반인종주의가 주류 정치판의 핵심 교리가 되어 이민자 배경의 무슬림을 프랑스 사회에 통합시키려는 의지를 질식시킨 상태다. 이것은 비참한 결과를 낳았고 특히 무슬림 젊은이들에게 그러했다.

하지만 제무르가 지금 무슬림 시민들을 동료로서 걱정해주는 것은 아니다. 이 점은《프랑스의 자살》을 조금 더 깊게 파고들어보면 분명해진다. 그는 그들을 경멸한다. 그리고 독자들도 그래주기를 원한다. 피해자 만들기라는 반인종주의 수사修辭 때문에 프랑스가 도심 빈곤 지역에서 무르익고 있는 근본주의 이슬람의 진정한 위협에 깜깜해졌다고 말하는 것과, 제무르처럼 그런 지역

158

사람들이 절망, 고립, 분노, 그리고 공화주의의 신념에 대한 경멸 느끼게 되기까지 빈곤, 차별, 실업이 제각각 미친 영향이 막대하다는 사실을 완전히 제쳐놓고 생각하자는 것은 완전히 별개의 문제다. 이런 상태가 되는 데 공헌한, 그리고 만약 바뀐다면 그런 상태를 완화하는 데 도움을 줄 수도 있는 정책들의 목록은 길다. 그리고 프랑스는 거리 치안을 강화하고, 교실에서 권위를 유지하고, 세속주의, 민주주의, 공공의 의무라는 공화주의의 가치들을 (제무르가 선호하리라고 능히 생각할 수 있는) 가르치면서도 얼마든지 그런 정책들을 바꿀 수 있을 것이다. 그러나 제무르 같은 선동가라면 너무 심하게 썩었고, 반역자가 너무 많고, 무슬림은 너무 절망적이라서 실효성 있는 조치들을 짜 맞춰낼 수 없다고 독자들을 구워삶는 것이 중요하다. 그의 자살 은유를 따라가자면, 그것은 생명 유지 장치를 달고 있는 환자를 위해 운동을 통한 다이어트 요법을 고안하자는 말이나 다름없는 셈이다. 책의 마지막 쪽에서 우리는 "프랑스가 죽고 있다, 프랑스는 죽었다"라는 대목을 만난다. 프랑스를 부활시키기 위해 어떤 일을 해야 할지 말해주는 마지막 단원은 없다. 그 문제는 독자들의 의구심 없는 생생한 상상력에 맡겨진다.

성공적인 이념들은 특정한 궤적을 따라간다. 처음에는 협소한 분파들 내부에서 발전하며 추종자들은 강박 관념들과 원칙들을 공유하면서 자신의 목소리를 광야의 외침으로 여긴다. 물론 이들 집단들이 정치적 결실을 거두려면 협력하는 법을 배워야 한다.

강박적이고 원칙적인 사람들에게 그것은 어려운 일이며, 정치적 변방에서 서로 무익한 말다툼을 벌이는 작은 당파들을 늘 발견하는 이유도 바로 거기에 있다. 그러나 이념이 정치판을 실제로 개조하려면 단지 원리들의 묶음으로 남아 있어서는 안 되며, 그보다는 그저 새로운 정보와 사건들에서 힘을 얻는 더 두루뭉실한 일반적 시각이 되어야 한다. 우리는 이념이 언제 무르익고, 또 현재와 과거의 모든 사건이 그 이념의 확증 사례로 받아들여지는 때가 언제인지 안다. 프랑스 우파는 에리크 제무르의 도움으로 오늘날 이 궤적을 따라 전진해나가고 있다. 《프랑스의 자살》은 독자들에게 공동의 적들이 누구인지 알려준다. 책은 그들이 저지른 범죄 일람표를 제공한다. 책은 그런 범죄들 간에는 틀림없이 어떤 관계가 있을 수밖에 없다는 심증을 굳혀준다. 그리고 책은 독자들의 분노에 찬 절망감을 자극한다. 현대 정치에서 절망은 희망보다 훨씬 더 강력한 법이다. 이 모든 것이 그 나라가 자국의 최근 역사에서 발생하여 엄청난 비극과 시련을 불러온 그 사건에 자국의 집단정신을 집중하려고 하는 바로 그 시점과 맞아떨어졌다.

맞다, 《프랑스의 자살》 출간은 아주 시의적절했다. 적어도 그 저자에게는 그렇다. 프랑스에게는, 글쎄, 아니올시다.

복종

미셸 우엘벡의 《복종》은 불운한 운명을 맞았다. 2014년 가을에 에리크 제무르가 출간한 그 악명 높은 문제작 덕분에 그의 소설은 격앙된 응시의 대상이 될 수밖에 없었다. 우엘벡 자신의 이전 소설이나 대중 비평에 이슬람을 매우 강도 높게 비판하는 내용이 언급되어 있다는 사실도 그런 결과를 거들었다. 실제로 그런 비판적인 언급 중 하나는 소송으로 이어지기도 했다. 그러나《샤를리 에브도》의 대학살이 벌어진 바로 그날 그 책이 출시되었다는 상상하기도 어려운 깜짝 놀랄 만한 사실은 당분간은《복종》이 현재 전개되고 있는 사건들의 프리즘을 통해 읽히게 되었음을 의미한다. 프랑스인들이《복종》이 그 자체로 기이하고 놀라운 작품임을 제대로 음미하려면 얼마간 시간이 걸릴 것이다.

우엘벡은 디스토피아적 개종 설화라는 새로운 장르를 개척한 셈이다.《복종》은 무력 쿠데타를 예견한다거나 하는 그런 이야기가 아니며, 책에 등장하는 그 누구도 무슬림에 대한 증오는 물론 경멸 같은 것도 표현하지 않는다. 어떤 차원에서 보면, 이 책은 고통과 무관심 속에서 메카를 향해 구부정하게 걸어가는 자신의 모습을 발견한 한 남자에 관한 소설일 뿐이다. 물론 다른 차원에서 볼 때 이 소설은 알아채지 못할 만큼 조금씩 내면의 신념이 꾸준히 새어 나간 수세기의 시간이 지난 후에, 여전히 같은 일을 하고 있는 자신의 모습을 발견한 한 문명에 관한 소설이기도 하다. 제무르의《프랑스의 자살》이 미미한 공헌을 했다고 할 문명 쇠퇴의 문학은 전형적으로 성마르고 숨이 막힌다.《복종》은 꼭 그렇지 않다. 이 안에는 어떤 극적 요소도 없다. 영적 무리들 간의 충돌도 없고, 순교도 없고, 최종적인 대사건 같은 것도 없다. 우엘벡의 다른 소설들이 다 그렇듯이, 그냥 일이 벌어진다. 종국에 우리 귀에 들리는 소리는 뼈에 사무치는 집단적인 안도의 한숨뿐이다. 낡은 것들은 이제 사라지고 없다. 보라, 새로운 것들이 도래했다. 그게 뭐든지 간에.

《복종》의 주인공 프랑수아는 상징주의 소설가 J. K. 위스망스 J. K. Huysmans의 작품을 전공하는 소르본 대학교의 부교수급 문학 교수다. 우엘벡 소설의 주인공들이 다 그렇듯, 그 역시 프랑스인들이 'un pauvre type(가엾은 것)'라고 부르는 패배자다. 그는 현대적인 아파트에서 혼자 살며 담당 과목들을 가르치지만, 대학에는 친구가 없고 집에 돌아와서는 냉동식품으로 저녁 식사를 하고, 텔레비전을 보고, 포르노를 즐긴다. 거의 해마다 그는 용케 학생을 한 녀석 골라 관계를 맺기 시작한다. 이 관계는 여름 방학이 지난 후 그 소녀가 늘 이런 식으로 시작하는 간결한 편지를 보내와 일순간에 결별을 선언하면서 끝난다. "어떤 사람을 만났어요." 그는 자기 시대를 통 모른다. 그는 어째서 학생들이 부자가 되겠다고 그렇게 열심인지 이해하지 못한다. 또 언론인과 정치인은 왜 그렇게 속이 텅 비어 있는지, 또 모든 사람이 왜 자기처럼 그렇게 홀로인지 알지 못한다. 그는 "오로지 문학만이 다른 인간 정신과 접촉한다는 느낌을 제공할 수 있다"라고 믿지만 다른 그 누구도 문학에는 관심이 없다. 가끔 만나는 여자 친구 미리암은 그를 진정으로 사랑하지만 그는 응답할 수 없다. 그리고 프랑스가 더는 안전하지 않다고 느끼고 이스라엘 이민을 결정한 부모를 따라 그녀 역시 떠나게 되었을 때, 그가 할 수 있겠다고 생각한 말은 이게 전부다. "나를 위한 이스라엘은 없어." 창녀들과 멋진 섹스를 즐길 때조차 그가 빠져 있는 구멍만 더 깊어질 뿐이다.

　지금은 2022년이고 대통령 선거가 막 시작될 참이다. 모든 스마트 머니는 1차 투표에서 승리한 국민전선의 마린 르 펜에게 몰리고, 다른 정당들은 그녀를 저지하기 위해 연대할 수밖에 없게 되었다. 이런 상황에서 와일드카드는 '무슬림형제단'이라고 불리는 신생 중도 무슬림 정당이다. 벌써 20퍼센트에 달하는 이들의 지지율은 사회주의자들과 비슷한 수준이다. 정당 발기인이자 현 총수인 모하메드 벤 아베스는 자신의 보수적인 사회적 관점들을 공유하는 가톨릭과 유대교 공동체 지도자들이나 자신의 경제성장 옹호론을 좋아하는 기업가 부류들과도 무리 없이 잘 지내는 온화한 사람이다. 교황을 필두로 한 해외 정상들이 그에게 찬사를 보낸 바 있다. 아무리 소설이지만 프랑스 인구 중 무슬림의 비율이 기껏해야 6~8퍼센트를 차지하는 현실에서 그런 정당이 불과 10년 만에 어떤 영향력을 확보할 수 있으리라 상상하는 것은 신뢰성에 손상을 주는 일이기는 하다. 그러나 우엘벡의 사고 실험은 거짓 없는 통찰에 기초했다. 즉, 극우파는 무슬림을 추방하고 싶어 하고, 보수주의 정치인들은 무슬림을 경시하고, 무슬림을 포용하는 사회주의자들은 그들에게 동성혼의 수용을 밀어붙이고 싶어 하기 때문에, 어떤 정당도 그들의 이해관계를 분명하게 대변하지 않는다는 것이다.

프랑수아는 주변에서 소용돌이치고 있는 이 극적인 상황 전개를 아주 느리게 깨닫는다. 그는 급진 우파인 이민 배척주의 무리들(프랑스에 현존하는)과 급진 이슬람주의 무장 세력 사이에서 무력 충돌이 발생했다는 소문을 듣는다. 하지만 다문화주의를 태운 배가 혹시라도 뒤집어질까 우려하는 언론들은 그런 사태를 보도하지 않는다. 칵테일파티에서 그는 멀리서 나는 총소리를 듣지만, 사람들은 모르는 척하면서 자리를 뜰 구실을 찾고 그 역시 그렇게 행동한다. 예상대로, 르 펜이 대통령 선거 1차 투표에서 승리하지만 사회주의자들과 보수주의자들은 그녀를 물리칠 수 있을 만큼의 표를 얻지 못했다. 그래서 그들은 결선 투표에서 벤 아베스를 밀어주기로 결정하고 결국 프랑스는 근소한 차이로 자국 최초의 무슬림 내통령을 선출하게 된다. 벤 아베스는 다른 정당들이 장관 자리를 나누어 갖도록 결단을 내리고, 오로지 교육부 장관직만 무슬림형제단의 몫으로 남겨둔다. 제휴 정당 대표들과 달리 그는 교실에서 벌어지는 일들 덕분에 국가가 바뀔 수도 있다는 사실을 아직까지 이해하고 있다.

처음에는 학교 문제를 빼면 벌어지는 일이 거의 없어 보인다. 하지만 몇 달간 시간이 흐르면서 프랑수아는 여성의 옷차림을 시작으로 작은 일들의 변화를 감지하기 시작한다. 정부가 그 어떤 복장 규정도 제정한 적은 없지만, 그는 거리에서 치마와 여성 정장 차림은 점점 줄어들고 몸매를 감추는 통이 큰 바지와 셔츠를

164

더 많이 보게 된다. 비非무슬림 여성들은 우엘벡이 다른 소설들에서 소름 끼치게 묘사한 성性 시장에서 탈출하기 위해 자발적으로 그 스타일을 받아들인 것 같다. 청소년 범죄율이 떨어지고 여성들이 육아용으로 교부되는 신설 가족 수당의 혜택을 받아들여 직장을 떠나기 시작하면서 실업률도 떨어진다. 프랑수아는 눈앞에서 새로운 사회 모형이 펼쳐지는 광경을 목격하고 있다고 생각한다. 그것은 아는 바가 거의 없고 다만 그 중심에 일부다처제가 있다고 막연히 생각해온 한 종교가 고무시킨 모형이다. 남자들은 섹스, 임신, 애정을 위해 각각 다른 부인을 둔다. 부인들은 나이를 먹어가면서 이 단계들을 모두 거치지만 결코 버려질까봐 두려워할 필요가 없다. 그들은 늘 자녀들로 둘러싸여 있으며, 그 자녀들은 많은 형제자매와 함께 자라면서 부모의 사랑을 받는다고 느낀다. 그리고 그 부모는 결코 이혼하지 않는다. 혼자 살며 부모와 연락을 끊고 사는 프랑수아는 감명을 받는다. 그의 환상은(아마도 우엘벡의 환상이겠지만) 색정적인 이슬람 애첩들을 떠올리는 식민지풍의 환상이 전혀 아니다. 그것은 심리학자들이 말하는 이른바 '가족 로맨스(부모가 다른 사람이었으면 좋겠다고 생각하는 등의 다양한 공상적 표현을 가리키는 용어―옮긴이)'에 더 가깝다.

대학교 쪽 이야기는 사정이 다르다. 무슬림형제단이 정권을 잡은 후 프랑수아는 다른 모든 비非이슬람 교수들과 함께 최고액의 연금을 수령하기로 하고 조기에 퇴직한다. 월급에 만족하거나, 무관심하거나, 혹은 겁에 질린 교수들은 저항하지 않는다. 황금

빛 초승달 기장이 소르본 대학교 정문에 게양되고 카바 신전의 윤곽을 형상화한 그림들이 예전에는 우중충한 모습이었으나 지금 걸프 족장들의 돈으로 수선을 마친 대학 건물들 벽면에 줄지어 걸려 있다. 프랑수아는 소르본이 아벨라르와 엘루아즈의 시대(아벨라르와 엘루아즈는 12세기 때 신분과 나이 차에도 불구하고 중세 최대의 연애 스캔들을 일으킨 주인공들—옮긴이)로 거슬러 올라가 중세 때의 고향으로 회귀했다는 감회에 젖는다. 소르본을 좌지우지했던 젠더 연구 전공 여교수의 후임으로 취임한 신임 대학 총장은 더 나은 직무에다 세 배의 봉급을 주겠다면서 그를 설득해 학교로 돌아오게 해보려고 한다. 단, 그가 형식적인 개종 절차를 기꺼이 밟을 의사가 있다면 말이다. 프랑수아는 공손한 사람이지만 그런 일을 할 의사는 없다.

그의 마음은 다른 곳에 있다. 미리암이 출국한 이후 그는 자신조차 알지 못하는 절망의 나락으로 침몰한 상태다. 또 한 번 신년의 고독이 지나가고 어느 날 밤 그는 흐느끼기 시작한다. 겉보기에는 아무런 이유도 없지만 눈물이 멈추지 않는다. 이런 일이 있은 직후, 그는 연구 목적을 표면적인 핑계로 삼아 프랑스 남부에 있는 베네딕트 수도원에서 얼마간 시간을 보내기로 결심한다. 그곳은 그의 영웅인 위스망스가 파리에서의 방탕한 삶을 마감하고 신비로운 가톨릭 신앙으로 개종한 후에 만년을 보냈던 곳이다. 우엘벡은 원래 이 소설이 현대 세계가 제공했어야 했던 모든 것을 소진한 후 이제는 가톨릭 신앙을 수용하려 하는 한 인간의 분투를 위스망스의 사례에 느슨하게 기초하여 다루려 했다고 말한 적이 있다. 책 제목도 '개종'이라고 붙이려 했으며 이슬람은 들어설 자리가 없었다고 한다. 그러나 그는 딱히 가톨릭 신앙의 효과를 보지 못했고, 프랑수아의 수도원 경험은 작가로서 우엘벡 자신의 경험을 희극적인 어조로 표현한 것처럼 들린다. 프랑수아는 거기서 이틀만 머문다. 설교가 미숙하게 느껴지고, 섹스는 금기시되고, 담배도 못 피우게 하기 때문이다.

그래서 그는 프랑스 남서부의 로카마두르 마을로 행로를 바꾼다. 그곳은 감명 깊은 '신앙의 성채'로, 일찍이 중세의 순례자들이 그곳 바실리카 성당의 검은 성모상 앞에 기도를 올리러 찾아오던 곳이다. 프랑수아는 그 동상에 매료되어 계속 발걸음을 되돌리지만 왜 그러는지 이유를 확실히 알지 못한다. 그러다 그는 결국 이런 느낌을 받는다.

나는 나의 개체성이 해체되는 걸 느꼈다. …… 나는 이상한 상태에 빠졌다. 성모 마리아가 대좌에서 일어나 하늘로 점점 더 자라나고 있는 것 같았다. 아기 예수는 그녀를 떠날 채비를 하는 것 같았고, 나는 그가 해야 할 일은 오른팔을 들어 올려서 이교도들과 우상 숭배자들은 파멸시키고 세상의 열쇠들을 되돌려 받는 것뿐이라고 느꼈다.

그러나 그 느낌이 가시고 나자 그는 이 경험을 저혈당 탓으로 치부하고 호텔로 돌아가 오리 다리 콩피 요리를 먹고 숙면에 들었다. 그다음 날 그는 어제 벌어졌던 일들을 되풀이하지 못한다. 30분간 앉아 있다가 감기 기운을 느낀 그는 자동차로 되돌아가 집으로 몰고 간다. 집에 도착했을 때, 그는 자신이 비운 사이에 그의 쌀쌀한 어머니가 외로이 죽어서 극빈자 묘지에 매장되었음을 고지하는 편지가 와 있음을 발견한다.

프랑수아가 대학 총장 로베르 르디제와 우연히 조우했다가 마침내 대화 초대를 수락한 것은 바로 이런 상태에서 벌어진 일이다. 르디제는 불가사의한 등장인물이다. 그는 일면 메피스토이고, 일면 대심문관이고, 일면 구둣방 점원이다. 그의 연설은 심리적으로 명민하면서도 완전히 솔직하다. 이 이름은 로베르 르데커 Robert Redeker를 빗댄 섬뜩한 장난이다. 그는 프랑스의 철학 교사로 2006년에 이슬람을 증오, 폭력, 반反계몽주의의 종교라 부른 기고문을《르피가로》지에 기고해 대놓고 살해 위협을 받았던 인물이다. 그 후로 그는 줄곧 경찰의 보호를 받으며 살고 있다. 르디제 총장은 정반대편에 서 있다. 그는 이슬람 교리들을 옹호하는 견강부회한 책들을 저술하는 번지르르한 사내이며 감언이설과 연줄 대기로 학계에서 급성장한 인물이다. 마침내 프랑수아의 개종을 가능케 한 것은 바로 그가 보인 냉소다.

덫을 놓기 위해 우선 르디제는 자기고백으로 시작한다. 학생 시절 그가 처음에는 급진 가톨릭 우파였던 점이 밝혀진다. 비록 교부들의 글보다 니체를 읽는 데 시간을 더 많이 소비했지만 말이다. 세속적 인본주의에 빠진 유럽은 그를 경멸했다. 1950년대에 의지박약한 유럽은 식민지를 포기했고 1960년대에는 사람들에게 이를테면 함께 교회에 나가는 대가족을 갖는 일 같은 각자의 의무를 수행하기보다는 자유로운 개인으로서 각자의 행복이나 추구하라고 부추기는 퇴폐 문화를 양산했다. 인구 증식을 할 수 없게 된 유럽은 무슬림 국가들에 이민의 문을 대규모로 개방하여 아랍의 흑인들을 받아들였고, 이제 프랑스 지방 도시의 거리들은 중동 지역의 야시장을 방불케 한다. 그런 사람들을 통합하는 일은 계획서에 포함되어 있지 않았다. 이슬람은 맹물에 용해되지 않는다. 무신론적인 공화주의 학교들에서는 말할 것도 없다. 유럽이 세계에서 제자리를 되찾을 생각이 조금이라도 있었더라면, 이들 이교도들을 몰아내고 진정한 가톨릭 신앙으로 회귀해야 했다고 그는 생각했다.

하지만 르디제는 이런 식의 생각이 덮어놓고 외국인을 혐오하는 가톨릭 신자들에 비해 한 걸음 더 나아간 것이라고 보았다. 그는 어떤 점에서 이슬람주의자들의 메시지가 자신의 생각과 상당히 많이 겹친다는 사실을 무시할 수 없었다. 그들도 단순하고 의심을 품지 않는 경건한 삶을 이상적으로 보았고 현대 문화를 낳은 계몽주의와 현대 문화 자체를 경멸했다. 그들은 가족에게는 위계가 있고 아내와 자녀는 아버지를 섬겨야 한다고 믿었다. 그들도 그와 마찬가지로 다양성, 특히 의견의 다양성을 증오했다. 그리고 동질성과 높은 출생률을 문명의 건강함을 나타내는 활력

징후들로 보았다. 그리고 그들은 정욕의 폭력성에는 치를 떨었다. 그들이 그와 구별되는 것은 그들은 깔개 위해서 기도하고 그는 제대祭臺에서 기도하는 것이 전부였다. 그러나 더 깊게 성찰하면 할수록 르디제는 실제로 유럽 문명과 이슬람 문명은 이제 더는 비교 대상이 될 수 없음을 더더욱 인정할 수밖에 없었다. 정말로 중요한 모든 측면에서 볼 때 후기 기독교 유럽은 죽어가고 있으며 이슬람은 번성하고 있었다. 만약 유럽이 미래를 가질 요량이었다면, 그것은 이슬람적인 미래가 되어야 했을 것이다.

그래서 르디제는 이기는 쪽으로 갈아탔다. 그리고 무슬림형제단의 승리는 그의 변신이 옳았음을 입증했다. 비밀 정보기관에서 일한 전직 이슬람 전문가도 프랑수아에게 말해준 바와 같이, 벤 아베스는 레반트(시리아, 레바논, 이스라엘 등 동부 지중해 연안 지역의 여러 나라들을 가리키는 말—옮긴이)의 사막 지대에서 퇴행적인 칼리프 제국의 복원을 꿈꾸는 급진 이슬람주의자가 아니다. 그는 그런 급진주의자의 오류에 빠져 있지 않은 현대 유럽인이며 그가 성공한 이유도 바로 그 점 덕분이다. 그의 야망은 아우구스투스 황제의 야망과 같다. 위대한 대륙을 다시 한번 통일하여 북아프리카까지 확장하고 경이로운 문화·경제의 힘을 창조하는 것이다. 샤를마뉴 대제와 나폴레옹 이래(그리고 히틀러도) 벤 아베스는 유럽사 최초의 평화로운 정복자로 기록될 것이다. 로마 제국은 수세기 동안 지속되었지만 기독교 제국의 역사는 1500년이었다. 먼 미래에 역사가들은 유럽의 근대성은 종교에 근거한 문명들의 영원한 흥망성쇠 과정에서 벌어진 보잘것없는 단 두 세기 동안의 일탈이었음을 깨달을 것이다.

이 인상적인 슈펭글러 투의 예언도 프랑수아의 마음을 건드리지는 못한다. 그의 관심사는 무미건조하기 그지없다. 이를테면 자기가 아내들을 선택할 수 있을까 하는 문제에나 관심이 있다. 여전히 무언가가 그의 복종을 가로막고 있다. 르디제에 관해 말하자면, 그는 전통 의상을 차려입은 열다섯 살의 아내 '헬로 키티'(그의 아내 셋 중 한 명이다)가 다과를 내오는 가운데 훌륭한 뫼르소 와인을 조금씩 들이키면서 치명타를 가할 기회를 엿본다. 금지된 음악이 뒤쪽에서 흘러나올 때, 그는 도미니크 오리Dominique Aury의 가학피학성 변태 성욕 소설인《O의 이야기 Histoire d'O》에 호소함으로써(명민한 우엘벡 투의 필치로) 꾸란을 옹호한다. 그는 O의 교훈이 그 성전聖典의 교훈과 정확히 같다고 프랑수아에게 말한다. 그것은 이른바 '인간 행복의 정점'은, 자녀는 부모에게, 여성은 남성에게, 인간은 신에게 "절대적으로 복종하는 가운데서 찾아져야 한다"는 것이다. 그리고 그 보상으로 우리는 온갖 광채가 도는 삶을 되돌려 받는다. 기독교와 달리 이슬람은 인간을 타락한 이질적 세계 속의 순례자로 보지 않기 때문에 그런 세계에서 도망치거나 그 세계를 재건해야 할 어떤 필요성도 느끼지 못한다. 꾸란은 우리가 우리의 거처임을 깨달은 이 완벽한 세계를 창조한 신을 칭송하는 신비로운 시가詩歌로, 그 깊이를 헤아릴 길이 없다. 그리고 꾸란은 그런 세계에서 복종을 통해 행복을 성취하는 방법을 우리에게 가르친다. 자유란 가엾음을 뜻하는 또 다른 단어일 뿐이다.

그리하여 프랑수아는 개종하기로 결심한다. 그는 그 과정이 파리의 이슬람 대사원에서 진행되는 짧고 간소한 의식이 되리라고 상상한다. 그런 상상에서 그는 기쁨이나 슬픔을 느끼지 않는다. 그 대신 안도를 느낀다. 그것은 그가 사랑하는 위스망스가 가톨릭으로 개종했을 때 그러했으리라 상상한 바와 같다. 세상은 바뀔 것이다. 그는 아내들을 얻을 것이고 섹스나 사랑 때문에 더는 걱정할 필요가 없을 것이다. 드디어 어머니의 돌봄 같은 것을 받게 될 것이다. 아이들은 적응의 대상이 되겠지만, 그는 아이들을 사랑하는 법을 배우게 될 것이고 아이들은 당연히 아버지를 사랑하게 될 것이다. 금주는 훨씬 어려운 일이 되겠지만 적어도 담배를 피우고 섹스를 즐길 수는 있을 것이다. 그러니 왜 아니겠나? 그의 삶은 피폐하고 유럽의 운명도 마찬가지다. 이제는 새 삶을 택할 시간이다. 어쨌든 삶을 말이다.

문화적 비관주의는 인간의 문화만큼이나 유서 깊은 것으로 유럽의 오랜 역사가 있다. 헤시오도스는 그가 '철의 시대'에 살고 있다고 생각했다. 대★카토는 그리스 철학이 젊은이들을 타락시킨다며 비난했다. 성 아우구스티누스는 로마 붕괴의 책임은 이교도의 퇴폐에 있다고 폭로했다. 프로테스탄트 개혁가들은 자신들이 칠년대환난七年大患難(천년왕국이 임하기 전의 말세 7년 동안에 있게 될 상상을 초월한 큰 환난을 이르는 말—옮긴이)기에 살고 있다고 느꼈다. 프랑스 왕정주의자들은 프랑스 혁명을 놓고 루소와 볼테르를 비난했다. 그리고 거의 모든 사람이 두 차례 세계대전에 책임이 있다며 니체를 비난했다.《복종》은 이 유럽 전통을 잇는 걸작 소설이며, 만약 토마스 만의《마의 산》과 로베르트 무질의《특성 없는 남자》같은 책들을 집어넣을 수 있는 범주가 있다면, 이 소설도 그 안에 작은 한 자리를 차지할 자격이 있다. 이들 작품의 평행성은 깨우쳐주는 바가 있다. 이 세 소설의 주인공들은 모두 그저 무심하게 문명의 붕괴를 목격하며 그런 문명의 저하는 그들을 기댈 곳 없이 붕 떠 있게 만든다. 역사의 덫에 걸린 만의 한스 카스토르프와 무질의 울리히에게는 달리 탈출할 수 있는 수단이 없다. 오로지 초월의 길만 있을 뿐이다. 한스는 스위스의 요양소에서 자유와 복종에 관한 풀리지 않는 토론에 귀 기울이고 나서 결핵 환자인 베아트리체와 사랑에 빠지고 눈 속에서 길을 잃었다가 신비한 체험을 하게 된다. 울리히는 경화증에 걸린 합스부르크 빈의 냉소적 관찰자다. 그러던 중 소원했던 여동생이 그의 삶 속으로 다시 들어오고 그 역시 신비한 인간성의 '다른 조건'에 대해 암시를 받기 시작한다. 우엘벡은 프랑수아를 위한 이런 수직적인 탈출 경로를 차단한다. 프랑수아의 로카마두르 체험은 한스와 울리히의 직관적 통찰들을 패러디한 것처럼 읽힌다. 날아오르지 못한 희비극적인 실패로서 말이다. 남은 것은 역사의 본성인 맹목적인 힘 앞에 복종하는 일뿐이다.

우엘벡이 우리에게 현대 유럽의 붕괴와 무슬림 유럽의 부흥을 비극으로 보아달라고 요청한다는 점에는 의심의 여지가 없다. 그는 인터뷰에서 진행자에게 이렇게 말한다. "그것은 어쨌든 한 오랜 문명의 종말을 의미합니다." 그러나 그렇다고 그런 점이 적어도 그 소설에서 이슬람을 악의 종교로 만들지는 않는다. 단지 현실주의적인 종교로 그려질 뿐이다. 이것은 가톨릭교회와 유비적으로 이슬람을 생각하려 하거나(프랑스에서 벌어지는 일이다) 프로테스탄트주의의 내향적 신앙과 유비적으로 이슬람을 생각하려 하는(북유럽과 미국에서 벌어지는 일이다) 비非무슬림 지성인들이 상상할 수 있을 법한 그런 이슬람이 아니다. 여기서의 이슬람은 이질적이면서도 타고난 팽창력을 지닌 사회적 힘이자 작은 세상의 제국이다. 이 이슬람은 평화로울 수 있으나 타협을 한다거나 인간 해방의 영토를 확장하는 일에는 관심이 없다. 이 이슬람은 더 나은 인간을 만들고 싶어 한다. 더 자유로운 인간이 아니라.

우엘벡의 비판자들은 이 소설을 반反무슬림 소설로 간주한다. 왜냐하면 그들은 개인의 자유를 가장 고귀한 인간적 가치로 간주하며 이슬람의 전통이 자기들의 생각과 일치한다고 확신하기 때문이다. 이슬람은 그렇지 않고, 우엘벡의 소설도 그렇지 않다. 우엘벡이 이슬람을 어떻게 생각하든지 간에 이슬람은《복종》의 표적이 아니다. 이 소설은 일편단심 자유만 추구하다가는(전통과 권위로부터의 자유, 자신의 목적을 추구하기 위한 자유) 필시 재앙으로 이어질 수밖에 없다는, 반복되는 유럽의 우려를 표출하는 장치로

이바지한다.

　그의 탈주적인 소설《소립자Les Particules élémentaires》는 1960년 대를 집약하는 자기애 강한 히피 부모들에게 버려진 후 견딜 수 없는 정신적 상처를 입은 두 형제를 다루었다. 그러나 새 소설이 나올 때마다 우엘벡은 결정적인 역사적 전환점이 훨씬 더 이른 시기에 있었다고 생각하고 있음이 더 분명해진다. 그는 이제 우리의 곤경은 계몽주의가 유기적 총체였던 중세 사회를 공격하고 기술적 진보를 맹목적으로 추구한 데서 시작했다고 생각한다. 우엘벡이 이슬람에 투영하는 특성들은 프랑스 혁명 이후 종교적 우파가 전근대의 기독교에 줄곧 귀속시켰던 특성들과 다르지 않다. 강한 가정, 도덕 교육, 사회 질서, 본분에 대한 감각, 의미 있는 죽음, 그리고 무엇보다도 하나의 문화로서 지속하려는 의지까지. 그리고 그는 극우의 급진적 외세 배척주의자에서부터 급진적 이슬람주의자에 이르기까지 현재를 혐오하고 역사에서 한 걸음 뒤로 물러나 자신들이 잃어버렸다고 상상한 것들을 복구하고 싶어 하는 몽상에 빠진 사람들을 자신이 진정으로 이해하고 있음을 보여준다. 우엘벡의 등장인물들은 모두 탈출을 모색한다. 보통은 섹스를 통해서 그러하고, 지금은 종교를 통해서다. 그의 네 번째 소설《어느 섬의 가능성La Possibilité d'une île》의 무대는 인생이 견딜 수 없게 되면 일단 자살한 다음 예전 상태들에 대한 기억이 전혀 없는 복제인간으로 재조립하는 일을 바이오 기술이 가능케 해주는 아주 먼 미래로 설정되어 있다. 우엘벡은 그런 세계가 가능한 모든 세계 중에서도 최선의 세계라고 여기는 것 같다. 이른바 기억 없는 불멸성의 세계다. 2022년의 유럽은 현재를 탈출할 수 있는 또 다른 방법을 찾아야 한다. 그리고 공교롭게도 '이슬람'이 다음 번 복제자의 이름이 되었을 뿐이다.

미셸 우엘벡은 화가 난 것이 아니다. 그는 프로그램을 갖고 있지 않으며 에리크 제무르처럼 국가 반역자들에게 주먹을 휘두르지도 않는다. 우엘벡이 사랑하는 방법, 일하는 방법, 죽는 방법 등 현대 문화 전반에 해박한 데에 비하면, 그의 소설은 언제나 역사의 '장기 지속longue durée'에 초점이 있다. 그는 프랑스가 애석하게도 돌이킬 수 없을 정도로 자아 감각을 상실한 상태라고 진심으로 믿고 있는 듯하다. 하지만 그 이유는 페미니즘이나 이민자나 유럽연합이나 세계화가 아니다. 그런 것들은 단지 두 세기 전에 시작되었던 위기의 증상들일 뿐이다. 그때 유럽인들은 역사에 내기를 걸었다. 인간의 자유를 확대하면 할수록 더 행복해질 것이라고 말이다. 그가 보기에 그 내기는 진 상태다. 그리고 그렇게 해서 이 대륙은 표류하면서 훨씬 더 오래된 유혹에 쉽게 넘어가버릴 지경이 되었다. 그 유혹이란 바로 신을, 예전과 다를 바 없이 멀리서 침묵하고 있는 그분을 대변한다고 주장하는 사람들에게 복종하는 것이다.

후 기

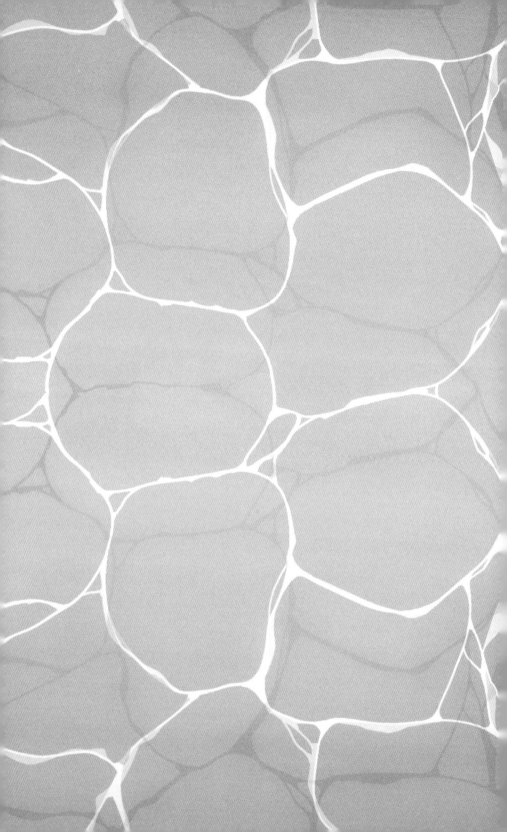

기사와 칼리프

"옛날이 지금보다 나은 것이 어쩜이냐" 하지 말라,
이렇게 묻는 것이 지혜가 아니니라.

〈전도서〉 7장 10절

첫 모험에 나서고 얼마 지나지 않아 돈키호테는 염소지기 무리
와 검소한 식사를 함께하는 자리에 초대되었다. 고기 스튜 조금,
딱딱한 치즈, 포도주 잔뜩. 식사를 마쳤을 때, 염소지기들은 후식
으로 먹기 위해 다량의 도토리를 펼쳐놓고 깨뜨리기 시작한다.
도토리를 그냥 손에서 굴리기만 하는 돈키호테를 제외하고 모든
이가 상념에 잠겼다. 그가 목청을 가다듬는다. 그는 우물우물 씹
고 있는 농군들에게 **옛 사람들이 황금과 같다고 부른 다복한 시대,
다복한 시절**을 말해준다. 그때는 자연의 하사품이 수확될 채비를
하며 저 앞에 쌓여 있었다. 내 것도 네 것도 없고, 농장도 없고, 농
기구 만들 일도 없고, 농기구 만드는 이도 없었다. 간단히 차려
입은 온순한 양치기들은 평온하게 고갯길을 어슬렁거리다가 오

직 그들의 정숙한 연인들이 무심결에 부르는 꾸밈없는 시가詩歌를 듣기 위해서나 걸음을 멈춘다. 어떤 법도 집행되지 않았다. 왜냐하면 어떤 법도 필요 없었으니까.

그 시대는 끝났다. 왜일까? 염소지기들은 묻지 않고 돈키호테는 자신만의 은밀한 지식을 그들에게 짐 지우려 하지 않는다. 단지 그들에게 그들 자신이 이미 알고 있는 사실을 상기시킨다. 이제는 처녀들, 심지어 고아들마저 포식자들로부터 안전하지 않다는 것을 말이다. 황금시대가 끝나자 법이 필요해졌다. 그러나 법을 집행할 수 있는 순수한 마음이 존재하지 않았기 때문에 힘세고 사악한 자들은 약하고 선한 자들을 자유롭게 겁박했다. 그것이 바로 중세에 기사회가 만들어진 이유였고, 근대에 들어와 돈키호테가 그것을 부활시키기로 결심한 이유였다. 염소지기들은 '얼이 빠진 당혹스러운' 침묵 속에서 파피에 마셰papier-mâché(풀을 먹인 딱딱한 종이 — 옮긴이) 투구를 쓴 이 늙은이에게 귀를 기울인다. 주인의 장광설에 이미 익숙한 산초 판사는 그냥 계속 술만 마신다.

돈키호테는 에마 보바리처럼 너무 많이 읽었다. 그들은 구텐베르크 혁명의 순교자들이다. '그 슬픈 얼굴의 기사(돈키호테의 시골뜨기 종자 산초 판사가 주인의 얼굴이 슬퍼 보인다면서 붙여준 별명 — 옮긴이)'는 승화된 욕망과 대담무쌍한 행동을 소재로 한 너무도 많은 이야기에 푹 빠진 바람에 주변 일들을 더는 제대로 꾸려 나가지 못한다. 에마는 큰 재산을 얻거나 잃은 이야기들, 미천한 신

180

세에서 멋진 백작들에 의해 구해지는 처녀들에 관한 이야기들, 끝나지 않는 무도회와도 같은 인생에 관한 이야기들을 읽는다. 그녀는 여행을 열망했다. 그녀는 수녀원으로 돌아가기를 열망했다. 그녀는 죽고 싶었다. 그리고 그녀는 파리에서 살고 싶었다. 우리 모두가 그러하듯 두 사람 모두 세계가 마땅히 그래야 할 그 모습대로 있지 않다는 사실에 고통스러워한다.

물론 "마담 보바리는 치마 입은 돈키호테다"라고 쓴 메리 매카시Mary McCarthy는 오해했다. 에마의 고통은 플라톤적이다. 그녀는 온통 잘못된 장소에서 온통 잘못된 사람들과 오로지 상상의 산물로서의 이상理想을 탐색한다. 그녀는 끝까지 자기가 받아 마땅한 사랑과 인정을 정말로 받을 것이라고 믿는다. 돈키호테의 고통은 기독교적이다. 그는 옛날에는 세계가 정말로 그것이 의도한 그대로 존재했으며, 육신을 갖고 등장했던 이상적인 존재는 자취를 감추었다고 확신한다. 개연성은 떨어지지만 불가능하지는 않은 것을 동경하는 에마의 고통에 비해 천국을 미리 맛본 그의 고통은 더욱 격심하다. 돈키호테는 그리스도의 재림을 기다린다. 그의 탐색은 처음부터 그 운명이 정해져 있다. 왜냐하면 그는 뒤집을 수도 정복할 수도 없는 시간의 본성에 맞선 반란을 도모하고 있기 때문이다. 그는 과거는 과거일 뿐이라는 생각을 견디지 못한다. 기사도 문학은 그에게서 제정신 가진 자들의 갑옷인 아이러니를 빼앗아갔다. 아이러니란 현실과 이상 사이의 간극을 양쪽 어디에도 해를 입히지 않고 절충할 수 있는 능력으로 정의

할 수 있을 것이다. 돈키호테는 자신이 인식한 그 간극이 단지 삶 속에 깊이 뿌리내린 진실일 뿐이라고 생각하지 않고 역사적 파국에 의해 야기되었다고 생각하는 망상에 빠져 있다. 그는 자신의 상상 속 사막에서 방황하는 희비극적인 메시아다.

돈키호테의 환상을 뒷받침한 것은 역사에 관한 한 가지 가정이다. 즉, 과거는 미리 나눠져서 별개의 정합적 시대들이 된다는 것이다. 물론 '시대'란 우리가 역사를 읽기 쉽게 만들려고 숫자 표시 테이프 위에 적어놓은 두 개의 연도 사이에 있는 공간에 불과하다. 우리가 혼돈의 경험들에다 '사건들'을 새겨 넣을 때에도 똑같은 일을 하는 것이다. 스탕달의 파브리치오 델 동고Fabrizio del Dongo(스탕달의 소설《파르마의 수도원》에 등장하는 극중 인물—옮긴이)가 워털루 전투를 쓸데없이 탐색하면서 깨달았던 것처럼 말이다. 우리의 사유에 어떤 질서를 부여하기 위해 우리는 과거 위에 되는대로 급조한 질서를 부과해야만 한다. 우리는 은유적으로 '시대의 새벽'이나 '시기의 종말'을 이야기하지만, 그것이 우리가 정확히 어떤 한 순간에 경계선을 넘었음을 의미하지는 않는다. 아주 먼 과거를 이야기할 때는 우리가 하고 있는 일의 성격을 특히 잘 인식하며 설령 플라이스토세나 석기 시대의 경계선을 앞이나 뒤로 천 년쯤 옮긴다 한들 특별히 문제가 될 일은 전혀 없다. 그런 구분들은 우리에게 도움을 주기 위해 존재하며, 도움이 안 된다면 수정하거나 무시하면 그만이다. 그 원리를 볼 때, 연대표

182

와 역사 사이의 관계는 분류법과 생물학 사이의 관계와 같다고
할 수 있다.

　그러나 현재에 더 가까울수록, 그리고 우리의 구분들이 사회와
더 밀접하게 관련될수록 연대학의 책임이 더 커진다. 이 말은 또
한 분류법에도 해당한다. 유類 개념을 식물에 적용할 때는 반향
을 얻지만, 그것을 인간에게 적용할 때는 사정이 다르다. 후자의
위험은 바로 물상화物象化다. 이런 일은 실재를 이해하기 위해 사
물의 분류에 도움이 되는 개념을 발전시키고 난 다음(예를 들면
'아리안' 어족) 뒤이어 그 개념이 실재에 아로새겨진 사실이라고
선언할 때 일어난다. (특징적인 문화와 역사를 지닌 동질적인 '아리안'
민족) 우리는 인종과 관련하여 그런 일을 하지 말아야 한다고 배
우고 있으나, 역사를 이해하는 문제에 관한 한 우리는 여전히 구
제 불능의 물상화하기 족속이다.

　시간을 시대로 나누고자 하는 충동은 우리의 상상력 안에 깊이
각인되어 있는 것 같다. 우리는 별과 계절이 규칙적인 주기를 따
르며 인간의 삶이란 무無에서 성숙으로, 그다음에는 다시 무로 돌
아가는 둥근 활의 모양을 따른다는 사실을 알게 되었다. 자연의
이러한 운동은 우주적이고 신성하고 정치적인 변화를 기술하는
데 써먹을 수 있는 너무나도 매력적인 은유들을 고대와 현대의
여러 문명에 제공했다. 그러나 은유들이 점점 나이를 먹어가고
시적 상상에서 사회적 신화 쪽으로 이동함에 따라 처음에는 그저
은유였던 것들이 확실한 사실들로 굳어진다. 역사의식에 수반되

는 불안, 즉 시간은 앞으로 꾸역꾸역 흘러가고 우리는 미래를 향해 내던져졌다고 느낄 때 다가오는 그 내면의 족쇄를 이해하기 위해 우리가 군이 키르케고르나 하이데거를 읽어봤어야 할 필요는 없다. 그 족쇄를 느슨하게 풀어보려고 우리는 한 시대가 어떻게 다른 시대를 뒤따르는지 실제로 처음부터 잘 알고 있었노라고 스스로에게 속삭인다. 이것은 선의의 거짓말로, 우리가 사건들의 미래 행로를 바꿀 수도 있다는 희망, 아니 적어도 그런 사건들에 어떻게 적응해야 할지 배울 수 있다는 희망이라도 제공한다. 우리가 역사의 수레바퀴를 새로 돌릴 수 있다거나, 혹은 시간 너머로 우리를 데려가줄 종말론적 사건을 기대할 수만 있다면, 우리가 운명적인 몰락의 역사에 걸려들었다고 생각하는 것은 오히려 위안이 되는 일처럼 보인다.

시대를 논하는 사유는 마술적 사유다. 가장 위대한 지성들조차 그런 사유에 굴복한다. 헤시오도스와 오비디우스에게 '인간의 시대'란 비유였지만, 〈다니엘서〉의 저자에게는 세계를 통치할 운명을 지닌 네 왕국은 예언적 확실성을 지녔다. 에우세비오스에서 보쉬에Bossuet에 이르는 기독교 변론가들은 신의 섭리적 힘이 복음의 준비, 계시, 전파를 각각 나타내는 시대 구분을 만들어냈다고 이해했다. 이븐 할둔Ibn Khaldun(13~14세기의 이슬람 역사가—옮긴이), 마키아벨리, 그리고 비코Giovanni Battista Vico(17~18세기 이탈리아의 철학자—옮긴이)는 민족들이 야만적인 상태로 시작해서 계속 성장한 끝에 정점에 도달하고 그다음 사치와 문학 속으로 점점 퇴락해가다가 한 바퀴 돌아 원래 상태로 되돌아가는 메커니즘을 발견했다고 생각했다. 헤겔은 정치, 종교, 예술, 철학 등 거의 모든 인간적 노력을 정반합의 과정들이 꼬리에 꼬리를 물고 이어지는 시간의 거미줄로 분류했다. 하이데거는 인간의 이해 범위를 넘어선 운명의 힘에 의해 열리고 닫히는(비록 그것이 때때로 나치의 십자기장 같은 상징들을 남기지만) '존재Being의 역사 속 시대들'에 관해 에둘러 말했다. 심지어 보잘것없는 우리 강단의 포스트모던적인 예언자들조차 접두어인 '포스트-'를 사용함으로써 한 시대를 다른 시대와 나누려는 강박적 충동을 극복하지 못하고 있는 듯이 보인다. 혹은 자신들의 시대를 마침내 모든 고양이가 회색으로 드러난, 그야말로 최고의 정점에 달한 시대로 여기려는 의도인지도 모르겠다. ("어둠 속에서는 모든 고양이가 회색으로 보인다"라는 벤저민 프랭클린의 일침은 겉모습은 어차피 중요하지 않다는 의미로 사용된다―옮긴이)

진보와 퇴보, 순환의 서사들은 모두 역사의 변화를 유발하는 메커니즘이 존재한다고 가정한다. 우주의 자연법칙일 수도 있고, 신의 의지일 수도 있고, 인간의 정신이나 혹은 경제적 힘들의 변증법적 발전일 수도 있다. 일단 그런 메커니즘을 이해하고 나면, 우리는 실제로 무슨 일이 일어났고 무슨 일이 다가올지 틀림없이 이해하게 된다. 그런데 만에 하나 그런 메커니즘이 존재하지 않는다면 어떻게 되나? 만약 역사가 그 어떤 시간 구조화의 과학으로도 설명할 수 없는 급작스런 사태들의 발발에 의해 지배된다면 어떻게 되나? 어떤 합리화도 적절해 보이지 않고 어떤 위로도 가능해 보이지 않는 대변동을 접할 때면 이런 의문이 떠오르게 마련이다. 이에 대한 응답으로, 매년 해가 지날 때마다 점점 벌어지는 찢어진 시간의 부위가 황금시대 혹은 영웅시대 혹은 그냥 평범한 시대로부터 우리를 점점 멀어지게 한다고 하는 묵시록적 역사관이 발전한다. 이런 시각에서는 실제로 역사에는 오로지 한 사건만이 존재한다. 우리가 의도했던 세계와 우리가 살 수밖에 없게 된 세계를 분리시킨 카이로스kairos('기회' 또는 '특별한 시간'을 의미하는 그리스어로 제우스의 아들인 기회의 신을 뜻하기도 한다―옮긴이)만이 존재하는 것이다. 그것만이 우리가 과거에 대해 알 수 있고 또 알아야만 하는 전부다.

묵시록적 역사 자체에도 인간적 절망의 기록으로 남겨진 역사가 있다. 에덴동산으로부터의 추방, 솔로몬이 세운 이스라엘 왕국의 제1성전의 파괴와 뒤이은 제2성전의 파괴, 예수의 십자가형, 로마의 약탈, 후세인과 알리의 피살(알리는 무함마드의 사위이자 제4대 칼리프였고 후세인은 그의 외손자로서 시아파 이슬람이 형성되는 데 중대한 역할을 한 인물―옮긴이), 십자군 운동, 예루살렘 함락, 종교개혁, 콘스탄티노플 함락, 영국의 시민전쟁, 프랑스 혁명, 미국 시민전쟁, 1차 세계대전, 러시아 혁명, 칼리프 제도의 폐지, 쇼아, 팔레스타인의 나크바Nakba(1948년 이스라엘의 독립과 함께 수십만 팔레스타인인들이 추방당한 '대재앙'을 가리키는 말―옮긴이), '60년대', 9월 11일. 이 사건들은 모두 역사의 결정적 파열구로

186

집단의 기억에 아로새겨져 있다. 묵시록적 상상 속에서는 과거가 아니라 바로 현재가 타향이다. 그것이 바로 그런 상상이 천국의 문을 활짝 열어젖힐 두 번째 사건을 그렇게도 꿈꿔보려 하는 이유다. 그런 묵시록적 시선의 초점은 지평선 위에 고정되어 있다. 그러면서 그 시선은 메시아, 혁명, 지도자 혹은 시간 그 자체의 종말을 기다린다. 오로지 세상의 종말만이 지금 우리를 구원할 수 있다. 물론 파국에 직면한 상황이라면 이 섬뜩한 확신이 실제로는 간단명료한 상식처럼 보일 수도 있다. 그러나 역사를 통틀어 보건대, 그런 상상은 터무니없는 희망을 자극하여 불가피하게 실망으로 이어졌고 그런 희망을 간직했던 사람들을 훨씬 더 황폐하게 만들고 말았다. 왕국으로 들어가는 문은 그대로 닫혀 있었고, 남아 있는 것은 오로지 패배와 파멸, 망명의 기억들뿐이다. 그리고 우리는 세계에 대한 환상을 잃어버렸다.

패배나 파멸이나 망명을 경험한 적 없는 사람들에게 상실은 부인할 수 없는 매력으로 다가온다. 루마니아에 있는 한 비주류 여행사는 이른바 부쿠레슈티의 '아름다운 쇠퇴 투어'라 부르는 관광 상품을 제공한다. 이 투어는 방문자에게 깨진 벽돌 조각과 부서진 유리로 가득 찬 건물들, 드문드문 풀밭이 점령한 폐쇄된 공장 따위를 공산주의 몰락 이후의 도회지 풍경이라며 개략적으로 보여준다. 온라인 후기들에는 깊은 감정이 배어난다. 고급 주택지로 변모한 뉴욕에서 진가를 인정받지 못한다고 느낀 미국의 젊은 예술가들은 이제 미국의 부쿠레슈티인 디트로이트로 이주하고 있다. 다시 한 번 자신들의 근성을 느껴보고 싶어서다. 영국 신사들은 19세기 때 비슷한 유혹에 굴복한 적이 있다. 황폐해진 대수도원과 시골의 저택들을 사들여 주말이면 그곳을 찾아가 추위에 덜덜 떨곤 했던 것이다. 낭만주의자들이 이상적으로 생각하는 것은 이상의 쇠퇴다.

'원시로 돌아가고 싶은 욕망La nostalgie de la boue'은 역사의 희생자들에게는 용납되지 않는다. 자신들이 과거와 현재를 분리하는 갈라진 틈새의 건너편에 있다는 사실을 깨달은 어떤 이들은 자신들의 상실을 인식하고 희망이 있건 없건 미래로 향한다. 자기 팔에 새겨진 숫자 문신을 결코 언급하지 않는 수용소의 생존자가 일요일 오후에 손주들과 놀아주는 광경을 떠올려보라. 또 어떤 사람들은 그 틈새 주변에 계속 남아 있으면서 건너편의 빛이 점점 멀어져가는 모습을 지켜본다. 그들의 마음은 밤마다 분노와 체념을 오가며 갈팡질팡한다. 노쇠한 백러시아 사람들이 두꺼운 커튼이 쳐진 '다락방chambre de bonne'에서 사모바르(러시아에서 사용하는 물 끓이는 큰 주전자—옮긴이) 곁에 빙 둘러앉아 눈물을 흘리며 옛날 노래를 부르는 광경이 바로 그것이다. 물론 일부는 그 틈새의 우상숭배자가 된다. 그들은 뭐가 되었건 그 틈을 갈라놓은 조물주의 소행에 반드시 복수하겠다는 일념에 불타오른다. 그들의 노스탤지어는 혁명적이다. 시간의 연속성은 이미 단절된 상태이므로, 그들은 두 번째 단절을 이뤄내 현재에서 탈출하는 꿈을 꾸기 시작한다. 그러나 어느 방향으로 가야 할까? 과거로 되돌아가는 길을 찾아서 귀환의 권리를 행사해야 할까? 아니면, 황금시대에 의해 고무된 새 시대를 향해 전진해야 하는가? 신전을 다시 건설해야 하나, 아니면 키부츠를 세워야 하나?

노스탤지어의 정치란 사실 그런 질문들을 빼면 아무것도 아니다. 프랑스 혁명 직후에 재산을 몰수당한 귀족들과 성직자들은 프랑스 국경선을 따라 진을 치고 있으면서 조만간 집으로 돌아가 세간살이를 바로잡을 수 있을 거라고 확신했다. 그들은 4반세기를 기다려야 했고, 드디어 때가 되었을 때 프랑스는 예전의 프랑스가 아니었다. 왕정복고가 그 왕정복고가 아니었다. 그래도 여전히 향수 어린 가톨릭 군주제는 프랑스 정치에서 한동안 강력한 기류를 유지했지만 2차 세계대전 시기에 '악시옹 프랑세즈Action Française' 같은 가톨릭 정치 운동들이 비시 정부와 협력하는 통에 결국 불명예를 얻으면서 힘을 잃고 말았다. 물론 소규모 동조 집단이 여전히 존재하며 《악시옹 프랑세즈》지는 유령처럼 지금도 계속 격주로 가판대에 올라오고 있다. 1차 세계대전에서 독일의 패전은 아돌프 히틀러를 반대 방향으로 몰아갔다. 그는 노래하며 싸울 수 있는 한스 작스Hans Sachs(많은 종교시를 남긴 17세기 독일의 시인 겸 극작가, 열렬한 신교도로 루터파 복음주의를 옹호했다 ─ 옮긴이) 같은 사람들이 바이에른 계곡에 자리 잡은 보수적인 마을들에 터전을 잡고 살던 옛날 독일 풍경의 이미지를 되살려 마음속에 그려볼 수도 있었다. 그 대신 그는 고대 부족들과 로마 군단에서 영감을 얻은 새로운 독일을 이야기했다. 이제 그는 강철 폭풍을 일으키는 기갑 사단에 올라타 유대인이나 볼셰비키는 말끔히 일소되고 산업화된 초현대적 유럽을 통치하려 한다. 과거를 향해 돌진하라.

묵시록적인 역사 서술은 결코 유행에 뒤처지는 법이 없다. 오늘날 미국의 보수주의자들은 2차 세계대전을 통해 강하고 고결한 모습으로 등장했던 나라가 어쩌다 '60년대의 대재앙' 이후 위험한 세속 정부에게 지배되는 방탕한 사회가 되고 말았는지를 이야기하는 통속적 신화를 선호한다. 그들은 대응 방법을 놓고 관점이 갈렸다. 어떤 이들은 이상화된 전통의 과거로 되돌아가는 쪽을 원한다. 또 어떤 이들은 개척자의 덕목들이 새로 태어나고 인터넷 속도가 끝내주게 빨라질 자유주의의 미래를 꿈꾼다. 사정은 유럽에서 더 심각하다. 특히 동유럽에서 그렇다. 베를린 장벽이 무너지자마자 그곳에서는 1914년 이후 차가운 창고에 처박혀 있던 대★세르비아의 옛 지도들이 세상 밖으로 나와 인터넷에 게시되었고, 헝가리 사람들은 주변에 유대인과 집시가 그렇게 많지 않았을 때 얼마나 살기가 더 좋았는지 다시 이야기하기 시작했다. 러시아의 사정은 위급하다. 그곳에서는 지금 모든 문제가 소련의 파국적인 와해 탓으로 돌려지고 있으며, 그 결과 블라디미르 푸틴이 정교회의 축복을 받으며 강탈과 보드카로 떠받치는 제국 복원의 꿈을 팔고 있다.

그러나 잃어버린 황금시대의 믿음이 가장 크게 설득력을 얻고 당연시되는 곳은 오늘날의 무슬림 세계다. 급진 이슬람주의 문헌들을 더 깊이 읽으면 읽을수록 그 신화가 지닌 호소력에 더 빠져들게 된다. 이야기는 이를테면 이런 식이다. 선지자 무함마드가 당도하기 이전에 세계는 자힐리야jahiliyya, 즉 무지의 시대에 처해 있었다. 위대한 제국들이 이교적인 부도덕으로 침몰했고, 기독교는 삶을 부인하는 수도원 생활을 발전시켰으며, 아랍인들은 미신에 빠진 술주정뱅이와 노름꾼들에 불과했다. 무함마드는 당시에 신의 최종 계시를 전하는 그릇으로 선택되었고, 그 계시는 그것을 받아들인 모든 개인과 민족을 앙양시켰다. 그 선지자의 동지들과 초창기 칼리프들은 그 메시지를 나무랄 데 없이 전달한 자들이었고, 그들은 신의 율법에 기초한 새로운 사회를 건설하기 시작했다. 그러나 금방, 놀라울 정도로 금방 이 개국 세대의 예기銳氣는 상실되었다. 그리고 지금껏 다시 회복되지 않았다. 아랍의 땅에는 우마이야 왕조, 아바스 왕조, 기독교 십자군, 몽골, 투르크 등 정복자들이 왔다 갔다. 신자들이 꾸란에 충실하던 시기에는 그래도 정의와 덕 비슷한 것들이 있었고 몇 백 년 동안은 예술과 과학이 발전하기도 했다. 그러나 성공은 언제나 향락을 불러왔으며 향락은 악덕과 침체를 낳았다. 신의 주권을 주입하겠다는 의지는 죽었다.

19세기에 처음 당도한 식민지 열강들은 그저 또 다른 서구 십자군처럼 보였다. 그러나 실제로 그들은 이슬람에게는 완전히 새롭고 훨씬 더 묵직한 도전을 제기했다. 중세 십자군은 무슬림을 군사적으로 정복하고자 했고 그들을 한 종교에서 다른 종교로 개종하고 싶어 했다. 현대 식민주의자들이 무슬림을 약화하기 위해 채택한 전략은 그들을 종교에서 완전히 등 돌리게 하고 그들에게 부도덕한 세속적 질서를 부여하는 것이었다. 신성한 전사들을 거느리고 전장戰場에 나서는 대신, 새로운 십자군은 단지 적을 흘리는 현대 과학 기술의 잡다한 장신구들을 손에 쥐고 있었다. 그들은 이렇게 아양을 떨었다. 만약 당신들이 신을 버리고 그에게서 당신들을 통치하는 적법한 권한을 박탈해버린다면, 이 모든 게 당신들의 것이 될 것이오. 그 세속적 현대성의 부적은 순식간에 먹혀들었고 엘리트 무슬림들은 '발전'의 광신도가 되었다. 그들은 아이들을(소녀들을 포함해서) 세속적인 학교와 대학에 보냈고 예측 가능한 결과들을 얻었다. 이러는 가운데 그들은 서방의 지원을 등에 업고 자신들을 통치하면서 충실한 신앙인들을 억압하라는 서방의 요구에 순종하는 독재자를 만났다.

세속주의, 개인주의, 물질주의, 도덕적 무관심, 폭정, 이제 이 모든 힘이 결합하여 새로운 자힐리야의 시대를 탄생시켰다. 그러니 독실한 무슬림이라면 누구나 그 선지자가 7세기의 여명에 그랬듯이 지금 이 시대와 맞서 싸워야 한다. 그 선지자는 타협하지 않았고, 해방시키지 않았고, 민주화하지 않았고, 발전을 추구하지 않았다. 그는 신의 말씀을 대변하고 신의 율법을 실행했다. 우리는 그의 신성한 본보기를 따라야 한다. 그 일을 성취하고 나면 선지자와 그의 동지들이 누렸던 영광의 시대가 영원히 되돌아올 것이다. 인샬라.

이 신화에 무슬림 특유의 것이라 할 만한 것은 거의 없다. 그들이 신자들을 동원하여 비정상적인 폭력 행위를 선동하는 데 성공한 것조차 십자군 혹은 발할라의 길을 통해 로마로 귀환코자 한 나치의 노력 등에서 전례를 찾을 수 있다. 황금시대와 묵시록이 만날 때 지상은 요동치기 시작한다.

충격적인 것은 이 신화에 맞선 싸움에서 현대 이슬람의 사상이 보유한 항체가 얼마나 적은가이다. 거기에는 역사적이고 신학적인 이유들이 있다. 꾸란에 나오는 보석 같은 지혜와 시가詩歌 가운데서 우리는 역사 속 이슬람의 위치에 관련하여 다소간의 불안정성도 접하게 된다. 이것은 신성한 경전에서 흔히 볼 수 없는 경우다. 제일 처음의 몇몇 수라sura(꾸란의 장章을 뜻하는 말—옮긴이)에서 우리는 무함마드가 유대교와 기독교의 선지자들이 남긴 유산을 폐기하기 위해서가 아니라 완수하기 위해 왔는데도 유대인과 기독교인에게 퇴짜를 맞았던 그의 좌절을 함께 나눌 것을 권유받는다. 그 선지자가 포교를 시작하자마자 역사의 행로가 다소 어긋났고, 눈앞에 보물이 있어도 깜깜하기만 한 '성전聖典의 민족들(이슬람이 유대교도, 기독교도, 사비교도를 통칭하기 위해 흔히 사용하는 표현—옮긴이)'을 위해서는 어느 정도 조정이 이루어져야 했다. 성 바울도 비非유대 기독교인, 유대 기독교인, 유대 비非

기독교인 사이의 평화로운 공존을 설교한 서한들을 쓸 때 유사한 도전에 직면했다. 꾸란의 일부 시구들은 그 선지자에 대한 저항에 너그럽고 관용적이지만 훨씬 더 많은 시구들은 그렇지 않다. 현재에 불만이 있는 사람들이 꾸란의 뒤늦은 도래를 쉽게 이용할 수 있다는 점을 꾸란은 분명히 불만스러워한다. 꾸란 해석의 심오한 지적 전통들에 무지할 뿐 아니라 어떤 이유로든 자신들의 삶의 조건에 분노를 느끼거나 혹은 분노를 느끼도록 조종당할 수 있는 이른바 훈련되지 않은 독자들은 꾸란을 이용해 역사의 원한이 신성하다는 생각을 주입하려 하는 사람들의 손쉬운 먹잇감이 된다. 그런 생각으로부터 역사의 복수 또한 신성하다고 생각하기 시작하는 단계로 넘어가는 것은 그리 어려운 일이 아니다.

학살은 소진이나 패배를 통해 결국은 반드시 끝이 나리라. 그리고 그 학살이 끝나고 나면 정치적 이슬람주의의 파토스는 그 극악무도함만큼이나 깊은 반성의 대상이 되어 마땅할 것이다. 그 살인적인 열정의 배후에 놓여 있는 역사적 무지, 번지수가 틀린 신앙심, 터무니없이 부풀려진 명예감, 무기력한 젊은이의 언동, 분별없는 현실 인식, 그리고 그 현실에 대한 두려움을 생각하면 우리는 얼굴이 거의 새빨개질 지경이다. 돈키호테의 파토스는 전혀 다르다. 현재 속에서 옴짝달싹 못하며 고통받는 '슬픈 얼굴의 기사'는 바보 같지만 고결한 성자다. 그는 자기가 만난 사람들의 마음에 상처를 조금 입히기도 하지만 그래도 그들이 전보다 더 나은 상태가 되게 한다. 그는 마치 "너무 걱정하지 말게, 나도 내가

뭐가 잘못인지는 알아"라고 말하려는 듯 이따금 산초 판사에게 윙크를 보내는 융통성 있는 광신자다. 그리고 그는 멈춰야 할 때를 안다. 그를 몽상에서 깨어나게 할 요량으로 친구들이 꾸민 가짜 전투에서 패배하고 난 후 그는 기사도를 포기하고 병에 걸려 회복되지 않는다. 산초는 그를 소생시키려고 노력하면서 시골로 낙향해 황금시대 때처럼 단순하게 함께 목동일이나 하며 살자고 제안한다. 그러나 소용이 없다. 돈키호테는 겸허하게 죽음을 맞는다. 승리의 개가를 부르는 복수의 화신 돈키호테는 도저히 떠올릴 길이 없다.

급진 이슬람주의 문학은 세르반테스 소설의 악몽 버전이다. 그런 이야기를 쓰는 사람들도 현재에 붙잡혀 옴짝달싹 못한다고 느끼는 것은 마찬가지지만 시간 속에서 잃어버린 것을 시간 속에서 되찾을 수 있다는 신성한 자신감을 갖고 있다는 점이 다르다. 신에게는 과거가 결코 과거가 아니다. 이상적인 사회는 항상 가능하다. 왜냐하면 그것은 예전에 존재했고 그것을 구현하는 데 반드시 필요한 사회적 조건 같은 것은 없기 때문이다. 있었고 있어야만 하는 것은 있게 할 수 있다. 부족한 것은 신앙과 의지뿐이다. 맞서야 할 상대는 시간 그 자체가 아니라 모든 역사 시대마다 신의 길을 가로막던 자들이다. 이 강력한 발상이 새로운 것은 아니다. 1848년의 혁명에 맞서는 보수주의의 반동을 숙고하면서 마르크스는 혁명과 같은 위기의 시대에 미지의 상황을 직면한 우리는 위안을 얻기 위해 "과거의 정신을 애타게 불러내온다"라고 적었다. 물론 그는 그런 반동은 일시적이며 인간의 의식이란 물질세계에서 이미 일어난 일들을 따라갈 수밖에 없는 운명이라고 확신했다. 정치적인 옛날이야기들이 경제적 요인들보다 더 크게 위력을 발휘하는 오늘날, 그의 확신을 공유하기란 쉽지 않은 일이다. 우리는 우리 시대의 가장 강력한 혁명 구호들이 이런 말로 시작한다는 것을 너무도 잘 알고 있다. **옛날 옛적에**…….

감사의 글

이 책의 모든 단원은 한 편만 빼고 처음에《뉴욕 서평》에 게재했던 논고들이다. 그 한 가지 예외는 〈루터에서 월마트로〉로, 초기 판본이《뉴 리퍼블릭The New Republic》에 처음 실렸다. 지금껏 오랜 세월 동안 용기를 북돋아주고 엄중한 비판을 가해준 로버트 실버스Robert Silvers와 레온 비셀타이어Leon Wieseltier에게 크게 감사드린다.

또한 이 책이 완성되는 동안 연구원으로 나를 초대해준 파리 고등공과 대학에도 감사를 표한다. 연구소장인 그레티 미르달Gretty Mirdal에게 특별히 감사한다. 그리고 시몽 뤼크Simon Luck, 마리테레즈 세르프Marie-Thérèse Cerf, 주느비에브 마르맹Geneviève Marmin, 불라르Boulhares 가족에게도 그렇다.

나의 절친한 벗들인 앤드루 스타크Andrew Stark와 데이먼 린커Damon Linker에게《난파된 정신》을 바친다.

역사의 반동과 난파된 정신

이 책은 반동에 관한 책이다. 이 책에서 '반동反動'으로 번역한 'reaction'이라는 단어는 더 일반적인 맥락에서는 '반응', '반작용' 등과 같은 중립적이고 온건한 의미로도 읽을 수 있다. 하지만 이 책에서처럼 이 단어가 정치적 갈등과 대립의 맥락에서 사용될 때는 매우 강렬한 뉘앙스가 느껴지면서 대체로 부정적인 함의가 담기게 된다. 서양에서 '반동'이라는 말이 본격적으로 특정 정치 세력이나 흐름을 지칭하는 말로 사용되기 시작한 시기는 프랑스 혁명 때이다. 혁명 세력과 반혁명 세력 간의 사활을 건 싸움에서 민중 혁명을 무력화하고 국외의 전제군주 국가들과 결탁하여 왕정복고를 꿈꾸는 왕당파 및 그 동조 세력, 그리고 마침내 로베스피에르의 혁명정부를 무너뜨린 소위 테르미도르 쿠데타 주도 세력을 총칭하여 기술할 때 '반동réaction'이라는 표현을 사용하였다. 그리고 그때 '반동'이라는 딱지는 곧 단두대의 이미지로 연결되었다. 이런 점에서 '반동'의 부정적 함의는 실로 이중적이다.

'더 나은 세상을 만들자'라는 혁명의 대의에 반대한다는 점에서 일면 부정적이고, '반동'은 곧 그렇게 낙인찍은 사람들에 의한, 혹은 역으로 그렇게 낙인찍은 사람들에 대한 끔찍한 탄압으로 이어진다는 점에서도 부정적이다. 20세기에 정치적으로 극한의 좌우대립이 최악의 전쟁으로까지 이어진 우리나라에서도, 특히 그 전쟁과 그때 전후의 정치 상황을 직접 체험한 많은 사람들은 공산주의자들이 이념적으로 반대편에 있는 사람들을 탄압할 때 전형적으로 사용하던 '반동분자'라는 호칭에서 무시무시한 어감을 느끼며 오싹해 한다.

마크 릴라Mark Lilla는 이 책《난파된 정신》에서 정치적인 차원에서 반동의 의미와 반동주의자들이 내세우는 저들만의 대의가 무엇인지 탐구한다. 하지만 이 책에서 그의 탐구 방법이 전문적인 학술 논고에서 요구하는 수준만큼 체계적이거나 엄밀하게 논증적인 것은 아니다. 저자가 밝히고 있듯이 이 책은 그간 저자가 기존 매체에 유사한 주제로 발표했던 단편적인 글들을 모아 놓았다는 점에서 애초에 그런 목표나 성과를 염두에 둔 것이 아니다. 대신 릴라는 '반동'의 의미를 단지 변화와 수구의 대립이라는 제한적인 현실 정치의 논의에서 벗어나 더 광범위하게 사회·역사·문화적 차원으로 확대하여 해석할 수 있는 가능성과 또 그렇게 해석해야 할 필요성을 다각적으로 모색한다. (이런 측면에서 이 책에 실린, 서론과 후기를 제외한 여섯 편의 글은 그 수록 순서와 상관없이 원하는 차례대로 읽어도 사실상 무방하다.) 그러한 모색의 한 가지 결실은 '반동'이 일견 느껴지는 것보다 훨씬 더 심각하고 위험한 함의를 지녔다는 사실이다. 릴라가 어렴풋이 윤곽을 드러낸 '반동'의 그 더 심각하고 위험한 함의가 무엇일까? 그가 생각하는 반동주의자들은 누구인가? 왜 특히 우리 시대에 '반동'은 중요한 의의를 지니는가? 그리고 무엇보다 중요한 것은, 왜 반동은 그의 말마따나 난파된 정신일까?

릴라가 생각하는 반동과 반동주의자는 급진적인 정치 혁명은 물론 문화 변동이나 사회 개혁에 거부감을 느끼고 최대한 현 상태를 유지하려는 수구적인 태도를 가진 자에 한정되는 것이 아니라,(사실 이런 태도를 가진 사람들은 그냥 보수주의자라 불리기도 한다) 의외로 훨씬 더 급진적이고 파괴적인 양상을 띨 수 있다. 릴라에 따르면, 반동주의자는 이를테면 혁명가와 똑같은 동기에서 출발할 수 있다. '지금 이 세상은 무언가 잘못되어 있다. 모조리 바꾸어야 한다. 그래서 지금보다 더 나은 세상을 만들자.' 반동과 혁명의 차이점은 다만 그래서 어느 쪽으로 가야 할까, 그 방향성에 있다. 그 '더 나은 세상'은 어디에 있는가? 혁명가에게 그 더 나은 세상은 지금껏 한 번도 존재한 적이 없는 그런 세상이며 그렇기에 당연히 그 세상은 앞으로 다가올 우리의 미래에 있게 될 것이다. 그런 세상을 만들기 위해 우리는 지금의 낡은 문화와 제도들을 모조리 바꿔야 한다. 반동주의자의 시선은 정반대로 향한다. 그가 바라는 더 나은 세상은 미래가 아니라 과거에 있다. 아니, 지금은 사라지고 없으니 과거에 있었다고 하는 말이 정확하겠다. 지금 세상은 무언가 잘못되어 있다. 하지만 그 이유는 과거로부터 끊임없이 등장해온 잘못된 이념과 제도가 완벽했던 이상적인 과거를 갉아먹고 마치 물질계에 엔트로피가 증가하듯 인간 사회를 무질서와 파탄으로 몰아왔기 때문이다. 그래서 우리는 모조리 바꾸어야 한다. 지금보다 나은 과거의 그 완벽했던 세상으로 돌아가야 한다. 단지 현상 유지를 원하는 것, 급진적인 변동에 반대하는 것은 최선의 대안이 아니다. 시간의 흐름은 되돌릴 수 없지만, 역사의 흐름은 되돌릴 수 있다. 역사의 흐름을 막거나 지체시키는 것이 아니라 아예 되돌려야 한다. 그래서 반동도 혁명 못지않게 급진적이고, 파괴적이고, 때에 따라서는 폭력적일 수 있다.

　하지만, 한번 묻고 싶다. 도대체 과거의 어느 때 어느 사회가 완벽한 세상이었다는 말인가? 가능하기만 하다면 꼭 되돌아가고 싶은 그런 이상理想 사회가 정말 어디에 있었다는 말인가? 이를테면, 현대 과학기술이 야기했고 또 앞으로 야기할 것으로 능히 예상되는 여러 가지 문제들 때문에 그런 것에 영향을 받지 않았던 막연한 과거의 어느 시절을 동경하며 향수 어린 마음으로 '그때가 참 좋았어!'라고 푸념하는 사람들을 주변에서 발견하는 일은 어렵지 않다. 누구나 순수했던 어린 시절을 떠올리며 그때로 다시 갈 수 있다면 좋겠다고 생각한다. 이런 생각들은 자연스러운 감정의 발로이지만 거기에 진정한 가치 판단이 수반된 것인지는 의문이다. 과학기술이 우리 사회에 아무런 문제도 일으키지 않는다는 말이 결코 아니다. 어린아이의 순수성이 가치 없다는 의미도 아니다. 맹목적 자연 속에서 이성적 동물로서 인간과 인간 사회의 존재 의미에 대한 진지한 성찰을 바탕으로 판단컨대, 과거 인간의 역사에서 지금 우리가 지금 겪고 있는 문제보다 덜 심각한, 정신적으로건 물질적으로건 지금 보다 더 행복한 더 나은 세상이 정말로 존재했던가. 독일의 대철학자 헤겔이 말하는 절대정신으로 나아가는 도정으로까지 과장하지 않더라도 어쨌든 인간의 역사는 정신적·물질적으로 점진적인 개선과 발전을 이루어온 합리성의 실현 과정이 아니었을까.

그러니 릴라에 따르면, 반동주의자들의 선택과 전략은 바로 이것일 수밖에 없다. 자신들의 준거 시점을 찾아 실제 역사 속의 과거를 뒤지는 것이 아니라 역사를 신화와 뒤섞어버리는 것, 한마디로 신화의 역사를 창조해내는 것. 현대 세계에서 이런 반동의 역사를 가장 파괴적인 방식으로 구현한 집단을 현대 세계는 아주 뼈저리게 체험했다. 바로 자신들의 최강 전차 부대를 저 과거의 신화 속 게르만의 영광을 향해 거꾸로 돌격시킨 히틀러와 그 일당들이다. 그리고 릴라는 이런 양상이 오늘날 미국과 유럽의 신정神政보수주의자들이나 가장 원리적인 형태의 이슬람 세상을 꿈꾸는 아랍의 급진 무장 세력들에게서도 나타나고 있음을 우려한다. (그리고 우리는 그 끔찍한 결과로서 종교·인종적인 차별 정책과 무시무시한 테러의 참상을 수시로 접하고 있다.) 반동의 정신은 역사의 흐름을 벗어나 항로를 잃은 채 본 적도 없고 알지도 못하는 어딘가 가라앉아 있는 그 신화 속 이상 세계를 찾아 헤매는 난파된 정신이다.

릴라는 우선 그리 잘 알려지지 않은 세 명의 사상가를 소개한다. 이들이 반동주의자는 아니다. 다만 릴라는 이들의 종교·철학 사상이 반동주의자의 난파된 정신을 구성하는 핵심적인 요소로 작동하게 되는 흥미로운 연관 관계를 보여준다. 2부에서는 실제 역사의 흐름 속에서 반동의 메커니즘이 등장하는 구체적인 사례를 제시한다. 그리고 마지막 3부와 뒤이은 후기는 몇 년 전 프랑스 파리에서 벌어진 이슬람 극단주의 테러 사건을 중심으로 그러한 과격한 폭력 사건 속에 숨겨져 있는 정치적 반동의 실마리를 끄집어내는, 그야말로 흥미진진한 인문학적 성찰의 진수를 보여준다.

짧은 책이었지만 역자로서도 어느 한 장도 만만한 독서가 아니었다. 우리말로 옮기는 일이야 말할 것도 없었다. 무궁무진한 배경지식과 사려 깊은 통찰력을 지닌 인문학자의 시선으로 바라본 세상의 기록이 얼마나 풍요롭고 짙은 지식의 향기를 담을 수 있는지 이 책을 읽고 옮기며 실감할 수 있었다. 그래서 힘든 번역 작업이었지만 자주 접하기 어려운 지적 호사를 누린 귀한 시간이기도 했다. 아무쪼록 이런 감상을 독자들과 공유할 수 있게 되기를 기대한다.

역자 석기용

난파된 정신
정치적 반동에 관하여

초판 1쇄 발행 | 2019년 9월 30일

지은이 | 마크 릴라
옮긴이 | 석기용
펴낸이 | 이은성
편 집 | 백수연
디자인 | 백지선
펴낸곳 | 필로소픽

주 소 | 서울시 동작구 상도동 206 가동 1층
전 화 | (02) 883-9774
팩 스 | (02) 883-3496
이메일 | philosophik@hanmail.net
등록번호 | 제 379-2006-000010호

ISBN 979-11-5783-161-6 93100

필로소픽은 푸른커뮤니케이션의 출판 브랜드입니다.

이 도서의 국립중앙도서관 출판시도서목록(CIP)은 서지정보유통지원시스템 홈페이지(seoji.nl.go.kr)와
국가자료공동목록시스템(www.nl.go.kr/kolisnet)에서 이용하실 수 있습니다. (CIP제어번호: CIP2019034028)